nya FREDAGS GOURMET

REDAKTÖRER:
Anna Förster och Maud Onnermark

PRISMA / ALLT OM MAT

Tidigare utgivna böcker av Prisma / Allt om Mat

Gourmetmat på 60 minuter, Astrid Abrahamsson och Görn Helleblad 1989
Nya köksskolan, Görn Helleblad 1990
Smal gourmetmat, Astrid Abrahamsson och Görn Helleblad 1991
Fredagsgourmet, Astrid Abrahamsson och Görn Helleblad 1996

P
Bokförlaget Prisma
Besöksadress: Tryckerigatan 4
Box 2052
103 12 Stockholm
prisma@prismabok.se
www.prismabok.se

Bokförlaget Prisma ingår i
P.A. Norstedt & Söner AB,
grundat 1893

Bokförlaget Prisma, Stockholm 2002
Omslagsfoto: Holger Edström
Formgivning: Gunilla Gunnarsson
Förlagsredaktör: Birgitta Dahl
Repro: Proffs Repro AB, Västerås
Tryckt hos Rotolito Lombarda SpA – Milano, Italien 2001
ISBN 91-518-3985-7

Sverige är fullt av Fredagsgourmeter

Det är slutsatsen vi kan dra av den stora uppskattning som avdelningen Fredagsgourmet fått i Allt om Mat under alla år den existerat — och av att den första gourmetboken från 1996 blivit en verklig bestseller.

Vi är inte särskilt förvånade. Här finns recept på mat som är festlig, modern, läcker och överraskande, presenterad på ett vackert och inspirerande sätt. Dessutom är det här festmat som inte tar så lång tid att laga, det mesta hinner du med en helt vanlig fredag.

För visst är fredagen lite speciell. Arbetsveckan avslutad, helgen orörd framför oss. En anledning att fira med familjen eller kanske ett par goda vänner. Duka upp något extra — men utan för mycket besvär.

Då passar en middag ur Fredagsgourmet perfekt, och på mångas begäran kommer här ännu en bok på temat. En ny samling av de bästa Fredagsgourmet-recept Allt om Mat:s begåvade matredaktörer skapat — och vi är stolta när vi ser resultatet. Här får du recept och idéer för många smakliga, trevliga och lustfyllda kvällar, precis vad vi vill åstadkomma med vårt arbete i provköket. Din glädje vid matbordet är vår varmaste önskan.

Bläddra, låt dig frestas och lockas. Vi önskar dig smaklig måltid och mycket nöje med Nya Fredagsgourmet!

Håkan Larsson
Chefredaktör Allt om Mat

PS: Bara för säkerhets skull: jo, det är fritt fram att använda recepten även veckans andra dagar. DS

INNEHÅLL

Pilgrimsmusslor på italienskt vis

Parmaskinka och pilgrimsmusslor, den ena från land, den andra från hav – på middagsbordet är de som gjorda för varandra.

Pilgrimsmusslor i parmaskinka med tomat och basilika

Pilgrimsmusslor heter egentligen kammusslor och finns i ett flertal varianter och storlekar i Atlanten, Medelhavet och Stilla havet.

I Sverige kan vi bara köpa dem frysta utan skal. Köttet är vitt, saftigt och har en knubbig cylinderform. Till den här rätten passar de små pilgrimsmusslorna som säljs utan rom bäst. Kom bara ihåg att köpa hem dem dagen innan, så hinner de tina i kylskåpet.

Till 4 personer:
8 små träspett
8 skivor parmaskinka (ca 125 g)
24 pilgrimsmusslor (ca 400 g)
24 blad + 3/4 dl hackad basilika
2 klyftor vitlök
1 dl olivolja
1 msk balsamvinäger
3 tomater (ca 300 g)
3/4 tsk salt
1/2 krm nymald vitpeppar

Tillbehör:
300 g bandpasta
rucolasallad

Gör så här:

1. Skär varje skinkskiva i tre strimlor ungefär lika breda som pilgrimsmusslorna. Lägg ett basilikablad på pilgrimsmusslan och rulla sedan in den i parmaskinka.
2. Trä upp musslorna på spett, tre stycken på vardera.
3. Skala och finhacka vitlöken.
4. Fräs vitlöken mjuk i olivolja. Tillsätt balsamvinäger.
5. Kärna ur och tärna tomaterna fint.
6. Koka pastan enligt förpackningens anvisningar i saltat vatten.
7. Lägg ner tomaterna och den hackade basilikan i olivoljan. Smaka av med salt och peppar. Låt allt bli varmt.
8. Grilla spetten i grillpanna ca 2 min på var sida.
9. Häll lite olivolja på den nykokta pastan. Lägg upp pasta, spett och rucola på varma tallrikar. Skeda över den varma oljan med tomathack.

Vintips

Smakrikt vitt vin med friskhet, som pinot blanc från Alsace eller Österrike, eller en chardonnay med viss ekkaraktär.

Affogato al café

Glasskula som drunknar i kaffe med någon sprit eller likör är vanlig middagsavslutning i Italien.

Här med Kahlúa, men i Italien är det mycket vanligt med whisky eller konjak. Lätt att göra och precis lagom efter pilgrimsmusslorna.

Vill du förenkla inför serveringen kan du göra kulorna i förväg och ställa på en tallrik i frysen. Kyl tallriken en stund först i frysen så tinar inte kulorna så fort.

Till 4 personer:
1 paket nougatglass (1/2 liter)
4–6 msk varmt espressokaffe
eller annat starkt kaffe
2 msk Kahlúa, kaffelikör

Gör så här:

1. Gör i ordning kaffet.
2. Gör 4 stora kulor av glassen och lägg i coupeglas.
3. Häll över det varma kaffet och likören.
4. Servera genast.

Sparris och hummer till pastan

En lyxigt god middag när du vill bjuda såväl flott som gott och snabbt.

Pasta med hummersås, räkor och sparris

Den här gourmetpastan är både enkel och snabblagad. Den längsta tiden går faktiskt åt till att skala räkorna. Både hummersåsen, pastan och parmesansparrisen svänger du sedan lätt ihop på 15–20 minuter. När det gäller räkorna så satsa helst på oskalade, stora ishavsräkor eller svenska färska räkor.

Till 4 personer:
ca 400 g bandpasta
2 msk olja till kokningen
1 kilo oskalade räkor
400 g färsk grön sparris
2 msk smör till stekning
2–3 dl grovriven parmesanost

Hummersås:
4 dl creme fraiche
1/2 dl torrt vitt vin
4 msk koncentrerad hummerfond
2–3 krm salt
1/2 krm cayennepeppar
1 msk smör

Till garnering:
ev bladpersilja eller någon färsk kryddört

Gör så här:

1. Skala räkorna och sätt på en stor kastrull med lättsaltat vatten (2–3 tsk salt per liter vatten) till pastan. Koka hummersåsen genom att koka upp creme fraiche med vin och hummerfond. Låt såsen koka sakta ca 5 minuter och smaka av med salt och cayennepeppar. Avsluta med att vispa i 1 msk smör.

2. Koka pastan enligt förpackningens anvisningar. Har du med ett par matskedar olja i pastakoket minskar du risken för att vattnet skummar över, samtidigt som pastan inte klibbar ihop då kokvattnet slås av.

3. Skär sparrisen i slantar, men låt knopparna vara hela. Undvik att ta med den tjockaste delen av stjälken längst ner om den verkar träig. Bryn 2 msk smör lätt i en stekpanna med släpp lätt-beläggning och fräs sparrisen några minuter under omrörning. Tillsätt parmesanost precis på slutet och rör om hastigt.

4. Blanda räkorna med den nykokta, heta och väl avrunna pastan och fördela den på fyra stora, helst djupa, varma tallrikar. Ringla hummersåsen över och skeda upp parmesansparrisen i mitten. Garnera eventuellt med någon kryddört.

Vintips

Välj ett friskt vitt vin, gärna en sauvignon blanc från Frankrike, Chile eller Nya Zeeland.

Citronglass med lakrits och vodka

Färdigköpt citronglass, strösslad med fint tärnad söt lakrits och toppad med en skvätt vodka i serveringsögonblicket. Enkelt och mycket gott.

Till 4 personer behöver du: 1/2 liter citron- och limeglass som du fördelar i portionsglas eller skålar. Strö ca 1 dryg msk fint tärnad lakrits av en mjuk och söt sort över varje portion. Avsluta med ca 2 msk vodka per portion. Garnera gärna med en tunn skiva av lime eller citron.

Skaldjur med ris och saffran

Räkor, musslor och kräftstjärtar möter krämigt saffransris för en middag i havets tecken.

Mascarponestuvat saffransris med chilistekta skaldjur

Köp de skaldjur du kommer över och laga efter tycke och smak. Om du till exempel tycker havskräftor är för dyrt går det förstås fint med vanliga kräftor.

Till 4 personer:
Saffransris:
1 schalottenlök
1 msk smör
3 dl avorio- eller arborioris
6 dl vatten
1/2 tsk salt
1/2 buljongtärning, grönsaks- eller höns-
125 g mascarpone (1 1/2 dl)
eller 2 dl vispgrädde
1/2 krm saffran (0,25 g)
1 knippa rucola eller 1/2 huvud friséesallad
Chilistekta skaldjur:
1 röd paprika
1 röd spansk pepparfrukt
500 g oskalade stora räkor
150 g skalade kräftstjärtar
20 färska blåmusslor + 1 dl vatten
ca 3 msk olja
1 pressad vitlöksklyfta

Gör så här:
1. Saffransris: Hacka schalottenlöken, fräs den glansig i smör och rör ner riset. Tillsätt vatten, salt och buljongtärning och koka riset 20 min.
2. Förbered ingredienserna och ställ dem runt spisen på olika fat så går det sedan snabbt att svänga ihop hela rätten inför serveringen. Skär paprikan i tunna, raka strimlor, kärna ur och finstrimla pepparfrukten. Tina räkor och kräftstjärtar, skala räkorna. Tvätta musslorna under rinnande vatten.
3. Blanda saffran med mascarpone eller koka upp grädde och saffran.
4. Gör sedan tillagningen i ett svep: Koka musslorna i 1 dl vatten över hög värme under lock 3 minuter och skaka kastrullen så att de öppnar sig. Kasta musslor som inte öppnar sig. Ställ musslorna åt sidan så länge.
5. Halstra paprikan och den strimlade pepparfrukten i lite olja i rejält het stekpanna några minuter. Lägg över den på en tallrik. Häll mer olja i en mycket het panna och halstra räkor och kräftor snabbt tillsammans med pepparfrukten och pressad vitlök. Lägg över det som är klart på tallriken med paprika.
6. Låt mascarponen smälta ner ovanpå det kokta riset under lock (eller häll den uppkokta saffransgrädden över riset). Blanda och lägg upp riset på ett fat garnerat med friséesallad eller rucola. Häll skaldjur och paprika över och servera.

Vintips

Välj ett vitt vin från Alsace, en pinot blanc eller riesling, som båda har frisk syra och god fruktighet.

Ananasbakelse med mandelmassa

Mandelmassa och ananasringar från burk blir en överraskande god dessert.

Gör så här:
1. Sätt ugnen på 180°.
2. Lägg 4 ananasringar på ett smort, ugnssäkert fat.
3. Blanda 250 g mandelmassa med 2 ägg.
4. Spritsa ut blandningen på ananasringarna.
5. Grädda mitt i ugnen ca 20 minuter. Låt bakelserna svalna något innan de serveras, gärna med lättvispad grädde.

Knaprig wok med räkor och isbergssallad

Festmat med asiatiska förtecken som går att förbereda ända fram till det sista supersnabba momentet.

Wok med grönsaker, räkor och dressing

När alla ingredienserna skurits och väntar i skålar vid spisen, kan värd eller värdinna ta det lugnt. Själva tillagningen sker först när gästerna satt sig.

Till 4 personer:
1 kilo stora frysta räkor
1 huvud isbergssallad
3 tomater
150 g broccolibuketter
2–3 morötter
1 gul lök
10 champinjoner
10 minimajs
1/2 dl majsolja
Wokdressing:
1/2 dl thailändsk fisksås
1/2 dl vitvinsvinäger
1/4 dl honung
2 pressade vitlöksklyftor
1 krm salt
1/4 krm sambal oelek
1/4 dl sesamolja

Gör så här:
1. Tina och skala räkorna.
2. Bryt isbergssalladen i knubbiga bitar och skär tomaterna i smala klyftor. Dela broccolibuketterna smått. Skala och hyvla morötterna i lövtunna slantar med potatisskalare, osthyvel eller i matberedare. Skär löken tunt på längden, klyv champinjoner och minimajs och blanda wokdressingen.
3. Ha en wok eller järngryta + stekpanna beredd över hög värme.
4. Woka först isbergssalladen i lite olja över kraftig värme och fördela den på portionstallrikar.
5. Woka därefter på fortsatt stark värme övriga grönsaker i mer olja. Tillsätt räkorna mot slutet bara så att de blir varma.
6. Blanda snabbt skaldjuren med grönsakerna och häll över wokdressingen. Lägg upp portionerna.

Vintips

För den som inte vill ha öl så kan ett måttligt fatlagrat vitvin passa den här asieninspirerade rätten, t ex en chardonnay från Sydfrankrike.

Bananpaj

En läcker, lättgjord dessertpaj av sådana ingredienser som ofta finns hemma.

Till 4–6 personer:
2 dl vetemjöl
2 msk strösocker
100 g smör
100 g hackad mörk choklad
2–3 mogna bananer
Servering:
kanel
ev 1 msk rom
vispad grädde

Gör så här:
1. Sätt ugnen på 225°. Mät upp mjöl och socker i en skål. Hacka ner smöret och blanda snabbt till en deg.
2. Kavla eller tryck ut den i en form, 22–24 cm i diameter. Ställ den kallt en stund.
3. Nagga botten och grädda den 15 min.
4. Strö ut hälften av chokladen i pajskalet. Skiva över bananerna och strö över resten av chokladen.
5. Sätt in pajen i ugnen 5–10 minuter tills chokladen mjuknat. Pudra över kanel, droppa ev över lite rom och servera med vispad grädde.

Skaldjursgryta med kryddig doft

Kryddnejlikor, kryddpeppar och saffran är kryddor som förknippas med julen, men som också är härligt goda till fisk, skaldjur och äpplen.

Skaldjursgryta med doft av jul

Välj den plattfisk som för tillfället har bra pris, och duka gärna också med sked för att kunna njuta av alla smaker i den goda skaldjursgrytan. De snabbakade oststängerna är ett trevligt tillbehör.

Till 4 personer:
1 rödtunga, bergtunga eller piggvar (à 500–600 g)
500 g räkor med skal
4 kokta havskräftor
200 g sockerärter
1 dl vispgrädde
1/4 krm cayennepeppar
50 g löjrom
Buljong:
3 schalottenlökar
1 msk smör
skrov från fisken
räk- och havskräftskal
1/2 dl grovhackad dill
1 vitlöksklyfta
3/4 fiskbuljongtärning
2 dl vatten
2 dl vitt vin
1 kryddnejlika
2 kryddpepparkorn
4 vitpepparkorn
1 lagerblad
1 msk smör
1/2 msk vetemjöl

Gör så här:
1. Be att få fisken filéad i affären och ta även med skrovet hem att koka buljong på.
2. Rensa räkorna och spara skalen. Vrid av stjärtarna på havskräftorna, rensa och ta bort tarmen och magsäcken, som sitter långt fram i huvudet. Skär skalen i bitar .
3. Buljong: Finhacka löken och fräs den i smör så att den blir glansig och genomskinlig utan att ta färg.
4. Lägg i delat fiskskrov och räk- och havskräftskal och fräs någon minut. Tillsätt dill, skalad och skivad vitlök, buljongtärning, vatten och vin. Lägg också i kryddorna. Låt koka upp och småkoka under lock 10–15 minuter. Sila buljongen genom en finmaskig sil ner i en ren kastrull eller traktörpanna med höga kanter.
5. Blanda smör och mjöl med gaffel till en pasta. Hetta upp buljongen och vispa ner smör/mjöl. Låt småkoka 4–5 minuter.
6. Dela fiskfiléerna i 2–3 bitar, och rensade sockerärter i sneda bitar. Vispa grädden löst.
7. Lägg ner fisken och låt den sjuda 2 minuter innan räkor, havskräftstjärtar, sockerärter och cayenne läggs i.
Tillsätt grädde, blanda försiktigt och låt allt bli genomhett. Servera i tallrikar med en sked löjrom samt oststänger till.

Oststänger

Gräddas snabbt och enkelt av vårrulledeg.

Till 8 stänger:
4 ark vårrulledeg, spring roll pastry (20x20 cm)
2 msk smält smör
1 dl lagrad riven ost

Gör så här:
1. Sätt ugnen på 200°. Tina degen och dra loss ett ark deg i taget. Pensla med smör, dela på diagonalen och lägg riven ost utefter den långa sidan.
2. Rulla ihop trekanterna, börja vid ostsidan, och lägg dem med snibbskarven nedåt på plåt med bakplåtspapper. **Hit kan förberedas.**
3. Grädda mitt i ugnen ca 5 minuter.

Vintips

Till grytan passar en chardonnay med måttlig fatkaraktär, gärna från Frankrike. Rött portvin till desserten.

Saffransäpplen med honungslen sås

Syrliga äppelklyftor får steka i smör med saffran och socker. Såsen får smak av honung och vanilj.

Till 4 personer:
4 stora syrliga äpplen
1 msk smör
1 paket saffran (0,5 g)
2 msk strösocker
1/2 dl hackade valnötter
Sås:
2 msk flytande honung
2 äggulor
1 dl vispgrädde
2 tsk vaniljsocker
1 dl lätt creme fraiche

Gör så här:
1. Sås: Häll honung, äggulor och grädde i en liten kastrull. Sätt ner den i en större med hett vatten. Vispa tills blandningen blir tjockflytande. Passa så att den inte kokar, då koagulerar äggulorna. Ta av från värmen och vispa såsen ljummen. Blanda ner vaniljsocker och creme fraiche.
2. Skala äpplena, skär i fyra delar, kärna ur och skär i klyftor. Fräs äpplena i smör.
3. Stöt saffran och socker tillsammans och strö över äpplena. Blanda om och låt äpplena bli genomheta. Strö över hackade valnötter och servera äpplena ljumma med rumsvarm sås.

Hummer i ljummen sallad

Vem har sagt att festmat alltid måste vara tung och mäktig? Bjud lätt och lyxigt med ljummen hummersallad.

Ljummen hummersallad med rotsaker, ingefära och granatäpple

Kokt hummer får bli varm tillsammans med olika rotfrukter, grönsaker, apelsin, äpple och granatäpple. Färsk ingefära är den enda egentliga kryddan.

Extra lyxig blir salladen med nybakade briocher till. Börja med att baka briocherna för de skall jäsa en hel timme. Under tiden kan man förbereda hummern, göra dressing samt skära rot- och grönsaker till själva salladen.

Till 4 personer:

2 kokta humrar
150 g rotselleri
150 g palsternacka
250 g färsk fänkål
200 g sockerärter
1 äpple
3 msk olja
1 1/2–2 msk rivet apelsinskal
4 tsk riven färsk ingefära
3/4 tsk salt
rucolasallad
granatäpple till garnering

Dressing:

1/2 dl olja
2 msk pressad apelsin
1/2 tsk dijonsenap
1 krm salt
1 krm svartpeppar

Gör så här:

1. Vispa samman dressingen.
2. Dela humrarna, knäck klorna och plocka ur köttet. Skär stjärten i bitar.
3. Skala och finstrimla rotselleri och palsternacka. Strimla fänkålen. Skär sockerärterna på mitten och äpplet i tunna klyftor.
4. Hetta upp olja i en stor stekpanna och fräs finstrimlad rotselleri, palsternacka, apelsinskal och ingefära ca 3 min. Lägg i fänkål och fräs ytterligare ca 2 min. Blanda ner sockerärter och fräs 1 min.
5. Blanda ner äpple och hummerbitar och stek ca 1 min så allt blir varmt.

Servera direkt på tallrikar med rucolasallad i botten. Droppa över dressing. Garnera med granatäppelkärnor.

Briocher

Små deciliterstora formar behövs för att göra de typiska briocherna med knopp på. Degen jäser bara en gång men en hel timme.

Till 14 briocher:

5 dl vetemjöl (300 g)
1/2 msk strösocker
1/2 tsk salt
125 g kallt smör
25 g jäst
1 msk ljummet vatten
3 ägg
1 äggula till pensling

Gör så här:

1. Blanda vetemjöl, socker, salt och smör i en matberedare och kör en kort stund till en smulig massa.
2. Rör ut jästen med vatten och ägg i en bunke. Arbeta ner smör- och mjölblandningen. Stjälp upp degen på ett mjölat bakbord. Dela degen i 16 lika delar. Rulla 14 bullar och lägg i varsin smord form. Forma små kulor av resten av degen och lägg på varje bulle. Täck med bakduk och låt jäsa ca 1 timme.
3. Sätt ugnen på 225°. Pensla briocherna med vispad äggula. Grädda briocherna i nedre delen av ugnen ca 15 min. Låt dem svalna på galler. Serveras ljumma.

Vintips

Satsa på fräscht vitt utan ekton. Sauvignon blanc från Loire eller Bordeaux, eller torr riesling, tysk eller från Alsace.

Äggtoddykaffe

Den som vill kan låta var och en vispa sin egen äggula med socker direkt i glaset eller koppen. Med en liten gaffel eller sked går det bra. Sedan häller man på konjak och kaffe.

Till 4 personer:

4 äggulor
4 msk strösocker
6–8 cl konjak
hett kaffe

Gör så här:

1. Vispa äggulor och socker flera minuter så det blir riktigt ljust och pösigt.
2. Vispa ner konjak och fördela blandningen i 4 koppar eller glas. Häll på hett kaffe och servera.

Marinerad laxfilé på asiatiskt vis

Laxfilé i spännande sällskap av sesamolja, stark wasabi och asiatiska grönsaker. Till dessert exotiska frukter med smak av chili.

Marinerad lax med glasnudlar och sojasås

Laxen ska marinera, helst några timmar, i kylen innan den tillagas i ugn.

Enokisvamp är nästan trådsmala och vita och säljs ibland färska i förpackningar på 100 g. Finns inte enoki kan man ta någon annan färsk svamp. De torra noribladen, som brukar användas till sushi, är inte så viktiga men de ger lite extra japansk karaktär åt rätten.

Till 4 personer:

600 g laxfilé med skinnet kvar
2 msk japansk soja
2 msk mirin
200 g glasnudlar
2–3 msk sesamolja
2 morötter
2 rödlökar
250 g pak choi, mangold eller salladskål
100 g enokisvamp
100 g färsk svamp t ex skogschampinjoner, shiitake
2 noriblad
2 msk rapsolja

Sås:

2 1/2 dl vatten
1/2 dl japansk soja
1/2 dl mirin
1 msk potatismjöl
2 krm wasabi

Gör så här:

1. Skär laxfilén i portionsstora bitar. Lägg dem i en form med skinnsidan upp och häll på soja och mirin. Låt laxen marinera i kylen 1–2 timmar.

2. Koka glasnudlarna enligt anvisningarna på förpackningen. Skölj dem sedan i kallt vatten och låt dem rinna av väl. Klipp dem eventuellt i kortare längder. Lägg dem i en skål och blanda dem med sesamolja.

3. Skala och skär morötterna i tändsticksstora stavar. Skala och klyfta rödlöken tunt, strimla pak choi. Dela stora svampar. Riv noribladen i små bitar.

4. Sätt ugnen på 175°. Ta upp laxen ur marinaden och lägg bitarna med skinnsidan nedåt i en ugnssäker form. Baka laxen mitt i ugnen ca 20 min lite beroende på hur tjock den är.

5. Sås: Blanda vatten, soja, mirin och potatismjöl i en kastrull. Låt det koka upp under vispning tills den tjocknat. Smaka av med wasabi.

6. Hetta upp en wok eller en stor stekpanna med 2 msk rapsolja. Börja med morötter och lök ca 3 min och blanda därefter ner pak choi och svamparna och stek ytterligare ca 3 min. Häll upp blandningen och värm hastigt glasnudlarna i woken.

7. Dra försiktigt bort skinnet från laxbitarna. Servera laxen med snabbt wokade glasnudlar, grönsakswok och sojasås. Strö flingor av noriblad över och bjud lite extra wasabi till.

Vintips

Ett friskt ljust öl är ett självklart val. Men en halvtorr tysk riesling kan matcha både sötman och hettan på ett spännande sätt.

Exotiska frukter med chili

Koka först en sockerlag på 2 dl råsocker och 2 dl vatten samt 2 urkärnade små mycket heta thai chili i bitar. Låt lagen koka ca 10 min och gärna stå en stund efteråt innan chilin plockas bort.

Medan lagen fortfarande är varm, lägg i ca 900 g ansade exotiska frukter, t ex sharon, mango, kiwano och physalis. Melon och jordgubbar passar också bra.

Vänta då med att blanda i jordgubbarna tills alltsammans kallnat. Annars tappar de sin fina röda färg.

Servera fruktsalladen kall, eventuellt med frisk sorbet eller glass till.

Lax med lime och honung

Gör middagen till en smakresa genom världens mest spännande kök, från Asien via Frankrike till Sverige.

Lime- och honungsstekt lax med dijonstuvad potatis

Det är viktigt att laxbitarna inte är för tjocka så att de går snabbt att steka. Laxfiléerna ska nämligen mjukstekas (helst i en teflonpanna), d v s på svag värme i hyggligt med smör så att honungsmarinaden inte bränner fast.

Till 4 personer:

4 fjärilsstyckade laxfiléer (à ca 170 g)
3/4–1 tsk grovmald svartpeppar
1 dl flytande honung
2 msk pressad lime
ca 1 tsk salt
2–3 msk smör till stekning

Dijonstuvad potatis:

8 medelstora potatisar
5 dl matlagningsgrädde + 1–2 dl mjölk
3 msk dijonsenap
ca 1 dl hackad gräslök
ca 1 tsk salt

Tillbehör:

grovriven färsk gurka toppad med grovrivna rädisor
klyftor av lime + ev lätt kokta skalstrimlor av lime till garnering

Gör så här:

1. Blanda svartpeppar, honung och limesaft till en marinad. Lägg laxfjärilarna i en form med kant och slå över marinaden. Vänd laxen i marinaden och låt den stå i rumstemperatur under tiden som du gör i ordning potatisen och tillbehören.

2. Skala potatisen och skär den i ca 1 cm stora tärningar, lägg tärningarna efter hand i en kastrull. Fyll på med grädden så att det lagom täcker potatisen och koka den sakta tills potatisen känns mjuk och stuvningen börjar tjockna. Späd med lite mjölk om den är för tjock. Smaka av potatisen med senap, gräslök och salt.

3. Hetta upp en stor stekpanna (helst med beläggning) och låt smöret bli lätt brynt. Salta och lägg i laxen och stek den på ej för stark värme 2–3 minuter på varje sida. Tillsätt en del av marinaden i pannan på slutet och låt den puttra med högst någon minut.

4. Fördela laxen på heta tallrikar med dijonstuvad potatis bredvid. Ös lite av stekskyn (marinaden) över laxen och garnera med grovriven färsk gurka och rädisor samt ev några lätt kokta skalstrimlor från limefrukten. Servera omgående.

Vintips

Knastertorr chardonnay utan fatkaraktär, gärna en chablis. Till äppelkakan är en söt madeira perfekt.

Äppelkaka med vaniljglass

Vad passar väl bättre efter den här varmrätten än en hederlig svensk äppelkaka, gjord i små portionsformar? Serveras nygräddade, toppade med en kula glass.

Sätt ugnen på 250°. Smöra 4 små ugnssäkra portionsformar. Skala, kärna ur och tärna 3–4 friska, aromrika äpplen och fördela i formarna. Ringla 1 1/2–2 msk mörk sirap över äpplena i varje form. Strö ca 1 msk ströbröd över i varje form och avsluta med att hyvla kallt smör med osthyvel så att det täcker.

Ställ formarna på galler i mitten av ugnen och grädda 20 minuter.

Servera äppelkakan varm eller ljummen med en kula citron- och limeglass eller vanlig vaniljglass ovanpå.

Domaine

Gravlax och lime i varm sallad

Bjud på en lättlagad och flärdfull måltid med gåslever och gravlax i huvdrollerna.

Varm gravlaxsallad med limedressing

Köp gärna en mittbit av färsk lax och be att få den helt skinn- och benfri. Var sedan noga med att laxkuberna får grava precis 1 timme, varken mer eller mindre. Det är också viktigt att du sedan halstrar laxen i tillräckligt stor och het panna eller i omgångar, så att hettan bibehålles under den korta halstringen, 1 till max 1 1/2 minut.

Till 4 personer:

ca 600 g skinn- och benfri färsk laxfilé i bit

Gravning:

2 msk salt
2 msk strösocker
1 tsk grovkrossad vitpeppar

Limedressing:

1 msk pressad lime eller citron
2 tsk honungssenap (Maille)
1/2 tsk salt
knappt 1/2 krm cayennepeppar
1/2 dl olivolja

Sallad:

ca 10 dl grovstrimlad roman- och isbergsallad
mache- eller rucolasallad
1 dl lättrostade pinjenötter
2 dl grovriven parmesanost

Gör så här:

1. Skär laxen i ca 3 cm stora kuber. Blanda ingredienserna till gravningen i en 3-liters fryspåse. Lägg i laxkuberna, skaka om och knyt till väl. Låt laxen grava i rumstemperatur 1 timme.

2. Skaka ihop samtliga ingredienser till limedressingen. Skär och fördela salladen på fyra tallrikar. Strö rostade pinjenötter och riven ost över salladen.

3. I samband med serveringen hettar du upp en stor stekpanna, gärna av gjutjärn. Spola hastigt av och torka laxkuberna på hushållspapper samt droppa lite olivolja över dem.

4. När pannan är ordentligt het, lägg i och halstra laxen på högsta värme 1–1 1/2 minut under lätt omrörning. Fördela laxen på salladstallrikarna, skaka om och ringla limedressingen över.

Vintips

Vitt vin med mild karaktär av ekfatslagring; italienskt eller sydfranskt. Till förrätten bjuder vi gärna en gewurztraminer eller pinot gris från Alsace.

Ugnsbakad potatis med gåslever

Finessen med den här förrätten är att uppleva kontrasten mellan den kylskåpskalla gåslevern och den heta nybakade potatisen. Bjud gärna flingsalt till – säljs under namnet gourmetsalt.

Till 4 personer:

75 g äkta gåslever eller anklever
2 drygt medelstora potatisar
olivolja till pensling
flingsalt + en aning nymald vitpeppar
1 tsk sesamfrön

Gör så här:

1. Sätt ugnen på 250°. Tvätta och borsta potatisen väl och dela dem i halvor på längden. Pensla snittytorna lätt med olja och ställ potatisen i en ugnssäker form. Skär eventuellt av en tunn skiva i botten på varje potatishalva så den står jämnt i formen.

2. Krydda potatisen lätt med flingsalt och en aning nymald vitpeppar samt strö över sesamfrön. Baka potatisen tills den är mjuk, 15–20 minuter.

Servera omgående med en tunn skiva kylskåpskall gåslever på. Bjud flingsalt till.

Verdicchio dei Castelli di Jesi
Classico Superiore
Umani Ronchi

Frasöverbakad lax på grönsaksbädd

Vanliga råvaror i ovanliga kombinationer ger det lilla extra till festmiddagen.

Frasöverbakad lax med grönsaksmosaik och gräslökspotatis

Den här somriga middagen är perfekt när du snabbt vill trolla fram något extra gott. Jordgubbar passar bra till dessert. Här får de spännande sällskap av basilika och apelsinsås. Smakerna är som gjorda för varandra.

Till 4 personer:
500–600 g skinnfri mittbit av laxfilé
1/2 tsk salt
1 krm nymald vitpeppar
100 g kallrökt lax i skivor
3 skivor torrt vitt bröd (75 g)
150 g mild gorgonzola (eller Magor, en ost som består av lager med omväxlande gorgonzola och mascarpone)
1 dl hackad rucolasallad
Grönsaksbädd:
1 citron
1 fänkål
1 röd paprika
1 liten squash
1 tsk salt
1 msk olivolja
Gräslökspotatis:
600 g färskpotatis
3/4 dl olivolja
1/2 dl hackad gräslök
gourmetsalt

Gör så här:
1. Sätt ugnen på 225°. Ta bort alla ben från laxbiten och skär den i fyra portionsbitar. Skär en ficka på längden i varje bit. Salta och peppra runt om. Lägg 1/4 av den rökta laxen i varje ficka.
2. Smula brödet och blanda med ost och rucolasallad. Fördela blandningen på laxbitarna.
3. Koka potatisen.
4. Finriv citronskalet och pressa ur saften.
5. Tärna fänkål, paprika och squash. Lägg fänkålen i citronblandat vatten: 1 msk citronsaft och 4 dl vatten.
6. Sätt in laxen i ugnen på falsen ovanför mitten ca 8 min, tills täcket fått fin färg och laxen är färdig.
7. Koka upp fänkålen i citronvattnet tillsammans med 1 tsk salt och 1 msk olivolja. Koka 2 min. Lägg i paprika och squash. Koka ytterligare ca 1 min. Häll av vattnet och smaka av med det rivna citronskalet.
8. Blanda olivolja och gräslök med den färdigkokta potatisen. Strö gourmetsalt över vid serveringen.

Vintips

Friskt vitt: sauvignon blanc från Nya Zeeland, riesling från samma land eller en pinot blanc från Alsace eller Österrike. Till desserten gärna ett sött muscatvin.

Jordgubbar med basilika och apelsinsås

Kombinationen jordgubbar och basilika är lika god som överraskande. Till detta serveras en lätt och syrlig apelsinsås.

Till 4 personer:
1 liter jordgubbar
ca 10 hackade basilikablad
1 apelsin
2 dl lätt creme fraiche
1/2 dl florsocker
2 msk Grand Marnier eller annan citruslikör

Gör så här:
1. Skiva jordgubbarna. Blanda dem med basilikan.
2. Skär några skalstrimlor av apelsinen till garnering och finriv resten.
3. Blanda creme fraiche med 1 msk pressad saft från apelsinen, det rivna skalet, florsocker och Grand Marnier.
4. Sikta lite florsocker över jordgubbarna och servera såsen till. Garnera med några skalstrimlor.

Beringer
FUME BLANC
CALIFORNIA

Laxpaket med smak av saffran

Fina, fiskfyllda smörpapperspaket bakas i ugnen, öppnas vid bordet och sprider ljuvliga dofter.

Lax-och grönsaksfyllda paket med saffranssmör och hasselbackspotatis

Ugnsmatlagning lämpar sig väl för en avstressad fredagskväll i köket. Marginalerna blir lite mer töjbara och serveringen hänger inte på minuten. När maten väl är i ugnen, eller står färdig att skjutsas in i den, kan matlagaren koppla av och kanske till och med få tid för en drink.

Till 4 personer:

4 skivor färsk lax eller 500–600 g skinn- och benfri laxfilé
2 morötter
1/2 fänkål
2 purjolökar
4 bitar smörpapper (ca 35x35 cm)
1 tsk salt
nymald peppar
4 msk torr vermouth

Saffranssmör:

1/2 paket saffran (0,25 g)
1/2 tsk salt
1/2 tsk pressad citron
150 g mjukt smör

Gör så här:

1. Sätt ugnen på 225°.
2. Ta bort skinn och ben från laxskivorna eller skär laxfilén i ca 2 cm breda skivor.
3. Skölj, skala och strimla grönsakerna nålfint.
4. **Saffranssmör:** Krossa saffran tillsammans med salt och rör ut med citronsaft. Blanda sedan med det mjuka smöret. **Hit kan förberedas.**
5. Fördela morötter, fänkål och hälften av purjolöken på pappren. Lägg på två laxskivor per paket. Salta, peppra, lägg över resterande purjolök.
6. Häll en matsked vermouth över varje portion och stäng paketen genom att dra upp och rulla ihop långsidorna. Vrid om ändarna och böj upp dem.
7. Lägg paketen på ännu ett smörpapper i långpanna och ugnsbaka inför serveringen 10 min i 225°. Stäng av ugnen, öppna ugnsluckan och låt paketen stå kvar i ugnen ytterligare 5–10 min. Lyft över paketen försiktigt till portionstallrikar med hjälp av stekspade – papperet blir lite fuktigt i botten.

Saffransstekt hasselbackspotatis

Börja matlagningen med potatisen. Den behöver 40 minuter i ugnen. Först när den är klar gräddas laxpaketen.

Till 4 personer:

12 medelstora potatisar
3 msk olja
1 tsk salt

Gör så här:

1. Sätt ugnen på 225°.
2. Skala potatisarna och skåra dem tunt nästan ända ner. Lägg dem i en träsked så skär du inte igenom.
3. Torka och rulla dem i en gryta med het olja. Salta och lägg dem i långpanna. Baka dem knapriga i ugnen 35–40 minuter. Vänd potatisarna emellanåt och smöra mot slutet med lite av saffranssmöret som hör till laxen.

Vintips

En god vit bordeaux med viss fatkaraktär passar perfekt till både laxen och saffranssmöret.

Smördegsvåfflor med citrongräddkräm och sorbet

Till våfflorna tinas två smördegsplattor helt och delas i två delar.

En bit i taget gräddas i ej för hett våffeljärn ca 1 1/2 minut. Lägg våfflorna på galler och pudra med florsocker.

Citrongräddkrämen vispas av 1 msk pressad citron, 1 msk strösocker och 2 dl vispgrädde till en krämig konsistens. Servera gärna med svartvinbärssorbet och hallon.

DOURTHE
1992

Laxsnäckor med pasta och smakrik sås

Ett läckert och djärvt laxrecept för den bekväma festen. Lätt att förbereda och klart på fyra minuter i ugnen!

Laxsnäckor med persilja och torkad tomat

Vill man ha riktigt enkel matlagning köper man laxen i manuell disk och ber att få den i putsade skinn- och benfria filéer.

Till 4 personer:
600–800 g skinn- och benfri laxfilé
1 tsk salt
1 dl finhackad persilja
1 dl finhackade torkade tomater i olja
Tillbehör:
400 g tunn bandpasta
rostad ärt- och vitlökssås (se recept)

Gör så här:
1. Blanda salt, persilja och finhackade tomater och klappa in blandningen på den sida skinnet suttit. Skär laxfilén i drygt centimetertjocka skivor. Rulla de liggande skivorna till snäckor med början vid den tunna delen. Fäst med en halv grillpinne och lägg på plåt med smort aluminiumfolie.
2. Grädda inför serveringen i 225° ca 4 min tills de är nätt genomstekta och serve-ra direkt.

Rostad ärt- och vitlökssås

Vitlöken bakas mjuk i ugnen. Klyftorna kramas ur och mixas med ärter till en härlig purésås som är god till pasta.

Till 4–6 personer:
1 hel vitlök
1 pkt frysta ärter (250 g)
2 1/2 dl vatten
2 msk pressad citron
1 msk färsk dragon
eller 2 tsk torkad
2 msk koncentrerad grönsaksfond
eller lite smulad buljongtärning
2 msk smör
1 krm salt
1 krm vitpeppar

Gör så här:
1. Sätt ugnen på 200°. Skär 1/2 cm av toppen på vitlöken så att alla klyftorna får en liten öppning. Linda löken i folie och baka den 30 min i ugnen tills den är mycket mjuk.
2. Koka ärterna 5 minuter i vattnet (låt torkad dragon koka med).
3. Krama det mjuka ur vitlöksklyftorna och kör det i matberedare eller mixer med ärterna och kokvattnet.
4. Tillsätt citronsaft, färsk dragon, grönsaksfond och smör. Smaka av med salt och peppar. Servera purésåsen till nykokt pasta.

Vintips

Här kan det passa bra med en modern vit rioja, där fatkaraktären är närvarande men inte dominerande.

Vita och mörka tryffelägg med hallonsås

Bara tre ingredienser behövs till de delikata och lättgjorda tryffeläggen.

Till 6–8 ägg:
100 g vit eller mörk choklad
rivet skal av 1/2 apelsin
1/2 dl creme fraiche
Hallonsås:
200 g osockrade hallon
4 msk vatten
5 msk florsocker

Gör så här:
1. Bryt chokladen i bitar och smält den helt i mikrovågsugn eller över vattenbad.
2. Riv av det gula apelsinskalet.
3. Rör snabbt ner creme fraiche och apelsinskal i chokladen.
4. Kyl tills den stelnat.
5. Hallonsås: Mixa hallon med vatten och florsocker. Passera genom trådsil.
6. Ha två teskedar beredda i en gryta med mycket hett vatten. Forma teskedsstora chokladägg i handen med hjälp av het sked . Pudra med florsocker eller kakao och servera med hallonsås.

Grillspett på gravad lax med nobissås

Lättgravad lax grillas snabbt på het glöd. I väntan på den perfekta glöden bjuder du på vin, färska sockerbönor och parmesandip.

Grillspett på gravad lax med färsk potatis och nobissås

I alla grillsammanhang är det viktigt att man ger sig till tåls så att grillglöden uppnår ordentlig hetta – och i det här fallet är det särskilt befogat. Den snabbgravade laxen ska bara få hastig färg och smak på ytan från grillen, men samtidigt också behålla en liten kärna inuti av sin gravningskaraktär.

Både såserna och spetten kan givetvis förberedas i god tid före måltiden.

Till 4 personer:
700–800 g skinn- och benfri laxfilé (mittbit)
1 citron i tunna skivor till laxspetten
4 grillspett el tunna blompinnar
olja till pensling
Gravning:
2 msk salt
2 msk strösocker
1 tsk grovkrossad vitpeppar
1/2 dl hackad dill
Nobissås:
1 ägg
1 msk vitvinsvinäger
1 1/2 tsk dijonsenap
2 1/2 dl majsolja
1/2 tsk salt
ca 2 krm nymald svartpeppar
1 liten vitlöksklyfta
ca 2 msk finhackad gräslök
Tillbehör:
nykokt smör- och dillslungad färsk potatis
rucolasallad
färsk gurka
citronklyftor

Gör så här:

1. Skär laxen i rektangulära bitar lämpliga att sätta på ett grillspett. Blanda samtliga ingredienser till gravningen i en 3-liters fryspåse och lägg i laxbitarna. Knyt till påsen och låt laxen grava i rumstemperatur 1 timme, varken mer eller mindre.

2. Spola av laxbitarna hastigt i kallt vatten och torka dem på hushållspapper. Fördela laxbitarna på 4 grillspett med tunna halva citronskivor mellan bitarna. Pensla laxspetten lätt med olja, och de är klara för snabbhalstring på grillen.

3. Nobissås: Lägg ner ägget i kokande vatten. Koka det precis 3 minuter, spola det sedan under kallt vatten. Knäck ägget och skrapa ur det lösa innehållet i en mixer eller matberedare. Tillsätt vinäger och senap. Kör några varv och slå sönder ägget, därefter tillsätter du oljan droppvis under fortsatt körning tills du får en tjock sås. Smaksätt såsen med salt, peppar, pressad vitlök och gräslök.

4. Grilla laxspetten på mycket hög värme, antingen i en glödhet grillpanna eller så nära glöden du kan komma på grillen, 1 minut på varje sida. Det är oerhört viktigt att värmen verkligen är hög om laxen ska hinna få både färg och grillsmak på den här korta grilltiden.

5. Servera laxspetten direkt från grillen med nykokt, lätt smör- och dillslungad potatis och nobissås som tillbehör. Garnera med rucolasallad, färsk gurka i tunna skivor och citronklyftor.

Vintips

Välj en milt eklagrad chardonnay från USA, Chile eller Australien.

Sockerbönor med parmesandip

En god förrätt medan du väntar på att grillen blir varm.

Bönorna serverar du precis som de är, och dipsåsen gör du så här:

Blanda 2 dl lätt creme fraiche med 1 1/2 dl nyriven parmesanost, ca 16 grovhackade färska basilikablad, 1 pressad vitlöksklyfta och 2 krm salt. Såsen kan serveras omgående, men kan också lagas några timmar i förväg och får då en lite mognare smak.

Lax med cashewnötter och vitlök

En annorlunda laxrätt där en glasyr med cashewnötter och söt chilisås ger fisken ett smakfullt täcke.

Lax glaserad med cashewnötter, vitlök och ljummen potatissallad

Laxen ska bara stekas några minuter i stekpannan. Nötterna får sedan sin fina färg i ugnen. Stek inte för länge, laxen ska vara saftig och god – skivorna ska smälta i munnen.

Till 4 personer:
4 bitar skinn- och benfri lax (à 150 g)
2 msk smör
1 tsk salt
1 krm nymald svartpeppar
Ljummen potatissallad:
750 g små potatisar
200 g grön färsk eller fryst sparris
3–4 salladslökar
3 msk olivolja
1 msk honung
1 msk pressad lime
2 msk äppelcidervinäger
1 tsk salt
2 krm nymald svartpeppar
1 kruka rucolasallad
Nöttäcke:
50 g cashewnötter
1–2 vitlöksklyftor
2 msk rumsvarmt smör
2 msk sweet chili sauce
1 tsk rivet limeskal
Tillbehör:
limeklyftor

Gör så här:
1. Potatissallad: Borsta potatisen ren och koka den mjuk i lättsaltat vatten (1/2 tsk salt per liter vatten). Låt potatisen svalna något och skär den sedan i bitar.
2. Skölj och skär bort den nedersta delen på sparrisen. Är sparrisen färsk bör den förvällas 2–3 min innan den steks i pannan. Ansa och strimla löken. Stek lök och sparris i ca 1 msk av olivoljan i en stekpanna 2 min. Blanda ner det i potatisen.
3. Blanda resterande olja, honung, limesaft, vinäger, salt och peppar. Häll det över potatisblandningen och blanda försiktigt. Strö över rucolasallad.
4. Lax: Sätt ugnen på 250°. Hetta upp 1–2 msk smör i en stor stekpanna. Salta och peppra laxen. Stek den uppe på spisen 2–3 min på varje sida beroende på fiskens tjocklek.
5. Nöttäcke: Hacka nötterna grovt. Skala och hacka vitlöken. Blanda nötter, vitlök, smör, sweet chili och limeskal.
6. Fördela blandningen på fisken och ställ den högt upp i ugnen 1–2 min för att den ska få fin färg. Servera fisken med potatissallad och en klyfta lime.

Vintips

Tysk riesling, torr eller gärna halvtorr, matchar sötma och hetta. Bjud gärna sött Loirevin till desserten.

Romdränkt sockerkaka med ananas

Spara tid – använd färdig sockerkaka. Miniananasen saknar rotstock och är klar att skiva.

Till 4 personer:
1/2 vaniljstång
1 apelsin
1/2 citron
1 dl vatten
1 dl strösocker
2–3 msk mörk rom
1 sockerkaka (ca 230 g)
Tillbehör:
skivad miniananas
lättvispad grädde

Gör så här:
1. Dela vaniljstången på längden och skrapa ur fröna. Borsta apelsin och citron rena under varmt vatten och skär dem i skivor.
2. Lägg vaniljfrön och stång i en kastrull tillsammans med vatten, socker, apelsin och citron. Låt koka ihop ca 5 min. Sila bort vaniljstång, apelsin- och citronskivor. Låt lagen svalna och blanda med rom.
3. Häll hälften av lagen i en trång form med kant. Stick med en gaffel i kakan för att den lättare ska kunna dra åt sig lagen. Lägg den i formen och skeda över resterande lag. Låt kakan vila svalt minst 1 tim.
4. Servera med färsk skivad miniananas och lättvispad grädde.

Middag med matiga muffins och lax

Bjud på en modern och lite annorlunda festmiddag – härligt matiga muffins med fetaost och spenat.

Spenat- och fetaostmuffins med bräckt lax och citronsås

Muffinsen kan gräddas i muffinsplåt eller i väl smorda cocotteformar av porslin. Gräddningstiden blir något längre i porslinsformar. Även stora muffinsformar i papper kan användas, men de måste också smörjas. Den som vill äta vegetariskt kan helt enkelt utesluta laxen och i stället äta enbart sallad till.

Till 4 personer:
ca 75 g färsk rensad spenat
1 stor röd lök
2 + 1 msk olivolja
1 krm nymald svartpeppar
100 g fetaost
1 dl grahamsmjöl
1 dl vetemjöl
1 tsk bakpulver
1/2 tsk salt
1 ägg
1 dl gräddfil
2 cocktailtomater

Citronsås:
finrivet skal av 1 citron (1–2 tsk)
2 dl gräddfil
1 tsk pressad citron
1 krm salt
1/2 krm nymald peppar
1/2 dl finhackad gräslök

Lax:
ca 500 g skinn- och benfri laxfilé
1 tsk salt
1/2 krm nymald vitpeppar

Tillbehör:
blandade salladssorter fuktade med olivolja och pressad citron

Gör så här:
1. Sätt ugnen på 200°. Smörj 4 formar väl.
2. Grovhacka spenaten. Halvera och skär 4 tunna klyftor av löken. Finhacka resten. Fräs hackad lök och spenat i 2 msk olivolja en kort stund. Peppra. Tärna fetaosten.
3. Blanda mjöl, bakpulver och salt i en bunke. Vispa ägget, tillsätt gräddfil och 1 msk olivolja och rör ner i mjölet. Tillsätt 3/4 av osten samt spenat- och lökfräset.
4. Häll smeten i formarna och tryck ner lökklyftorna, halverade tomater och resten av osten. Grädda i nedre delen av ugnen ca 30 minuter, ev några minuter längre i porslinsformar.
5. Blanda ingredienserna till såsen.
6. Skär laxen i centimetertjocka skivor rakt över. Salta och peppra. Stek dem hastigt i het stekpanna.

Vintips

Vitt vin med friskhet och viss fatkaraktär passar bra här, t ex chardonnay från Chile eller Sydfrankrike.

Ministrutar med lingongrädde

Små läckra strutar fyllda med lingongrädde. Strutarna kan göras långt i förväg men bör inte fyllas förrän strax före serveringen. Vårrulledeg finns fryst i asiatiska affärer och välsorterade livsmedelsbutiker.

Till 12 ministrutar, 4–6 personer:

Strutar:
3 ark vårrulledeg (21x21 cm)
1 msk smör
1/2 msk strösocker

Lingongrädde:
1 dl vispgrädde
1/2 dl lätt kesella
1 dl rårörda lingon

Garnering:
några lingon

Gör så här:
1. Sätt ugnen på 200°.
2. Låt vårrulledegen tina i sin förpackning så att arken går att lossa.
3. Skär varje ark diagonalt till 4 trianglar. Rulla till strutar. Pensla med lite smör vid den yttersta skarven och fäst den.
4. Lägg dem på plåt med bakplåtspapper. Knöla till lite aluminiumfolie och tryck in i strutarna så att de inte faller ihop under gräddningen. Pensla strutarna med resten av smöret och strö på lite strösocker. Grädda mitt i ugnen ca 8 min tills de har fin färg. Ta ur folien när de svalnat.
5. Vispa grädden. Tillsätt kesella och lingon. Fyll strutarna. Garnera eventuellt med frysta lingon och servera.

Laxpaket med getost och delikat potatis

Laga en fräsch och lätt laxrätt där chèvre och gräslök ger fin smak. Den mörka och mäktiga chokladdesserten blir en perfekt avslutning.

Fyllt laxpaket med marinerade grönsaker

Små fina potatisar går fort att baka. King Edward är en bra sort för bakning.

Till 4 personer:
8 stora tunna skivor kallrökt lax
150 g chèvre (getost)
3 msk lätt creme fraiche
1/2 krm nymald vitpeppar
1 msk finhackad gräslök
Potatis:
12–16 små potatisar (gärna av en mjölig sort)
flingsalt
Grönsaker:
125 g shiitakesvamp
1 msk olivolja
1/2 dl finhackad stjälkselleri
1 bunt färsk grön sparris (ca 200 g)
100 g färska sockerärter
100 g färska haricots verts
12 små kvisttomater
Marinad:
1 msk balsamvinäger
2 tsk dijonsenap
1 1/2 krm salt
1 msk finhackad dill
1 msk finhackad gräslök
4 msk olivolja

Gör så här:

1. Potatis: Sätt ugnen på 225°. Tvätta potatisen och picka skalen med gaffel. Lägg dem i ugnssäker form eller i långpanna och baka mitt i ugnen ca 20 minuter så att de är mjuka rakt igenom.

2. Grönsaker: Borsta svampen ren från skräp. Behåll de små svamparna hela och skär de stora i bitar. Fräs ett par minuter i olja och tillsätt selleri mot slutet.

3. Putsa av nederdelen på sparrisen och dela stjälkarna i två delar. Koka sparrisen i lätt saltat vatten 1–3 minuter beroende på tjocklek. Spola dem i kallt vatten.

4. Dela sockerärterna i två eller tre bitar. Koka dem i lättsaltat vatten tillsammans med haricots verts 2–3 minuter. Spola i kallt vatten. Skär tomaterna i halvor.

5. Rör ihop marinaden och vänd ner alla grönsaker. Låt stå ca 20 minuter.

6. Laxpaket: Skär bort kanterna på osten och rör den smidig med creme fraiche, peppar och gräslök. Lägg ut laxskivorna och lägg en sträng ost på varje. Rulla ihop till avlånga paket och lägg två på varje tallrik.

7. Skeda upp grönsakerna med lite marinad och servera med de små bakade, snittade potatisarna gärna med flingsalt på.

Vintips

Tysk riesling balanserar med sin friskhet och blommighet både rökt lax och getost. Välj torr eller halvtorr efter egen smak.

Chokladmousse med likörgubbar

Till 4 personer:
50 g mörk choklad
50 g smör
1 dl kakao
1 äggvita + 2 äggulor
1 dl vispgrädde
1/2 dl strösocker
1/2 dl starkt kaffe
Tillbehör:
1/2 liter jordgubbar
1 msk strösocker
strimlat skal av 1 liten lime
2 msk Grand Marnier
8 skållade, skalade, delade, rostade sötmandlar

Gör så här:

1. Hacka chokladen och smält med smör i kastrull på svag värme. Tillsätt kakao och rör så att den blandar sig väl. Låt svalna.

2. Vispa vitan till skum och grädden medelfast. Vispa gulor och socker pösigt och blanda i avsvalnat kaffe.

3. Vänd ner äggblandningen i chokladen. Vänd ner grädden och allra sist vitan. Ställ i kylskåp minst en timme.

4. Rör kraftigt i moussen strax före servering så att den blir blank och slät. Spritsa eller skeda upp moussen i 4 koppar.

5. Dela gubbarna. Blanda med socker, limeskal och likör. Låt marinera ca 20 min.

6. Garnera moussen med mandel och skeda upp jordgubbarna med den goda marinaden.

Gourmetpasta på svenskt vis

En underbar pasta där dill, gravlax och ljuvlig löjrom ger smak av svenska delikatesser.

Pasta med dill, gravlax och löjrom

Pasta smakar extra bra när den serveras ångande nykokt på varma tallrikar. Ställ bara in tallrikshögen i ugnen och sätt termostaten på 100°. Tallrikarna kommer att vara proffsigt varma när det är dags att lägga upp maten!

Till 4 personer:
400 g pasta, t ex fettucine
500 g räkor med skal
100–200 g gravlax i bit
 + 1 tsk smör
75 g löjrom
Dillgräddsås:
2 dl hackad dill
2 dl vispgrädde
1–2 dl creme fraiche
1/2 grönsaksbuljongtärning
1 krm salt

Tillbehör:
tomater
sallad

Gör så här:
1. Koka upp pastavatten i en stor kastrull. Skala räkorna. Skär gravlaxen från skinnet och därefter i knubbiga strimlor.
2. Hacka dillen och kör den därefter i matberedare eller mixer. Koka upp grädde, creme fraiche, buljongtärning och salt.
3. Mixa dillen med först hälften, sedan resten av gräddsåsen.
4. Koka pastan och känn att den är al dente, har tuggmotstånd.
5. Hetta under tiden upp en stekpanna, fräs en minimal smörklick och bryn laxen snabbt på bara ena sidan. Ta upp den. Vänd ner räkorna i pannan efter laxen så att de ljummas upp men inte blir kokta.
6. Sila upp pastan, häll över lite kallt vatten så att pastan inte klibbar.
7. Lägg upp den på heta tallrikar och ringla sås över. Fördela lax och räkor över portionerna och toppa med löjrom. Servera mer sås separat och bjud en assiett med tomater och sallad vid sidan.

Vintips

Riesling från Alsace lyfter fram smakerna med sin strama syra och runda fyllighet.

Chokladtårta med sorbet och frukter

En förförisk dessertallrik: Ett par kulor sorbet, färsk frukt i vackra bitar – päron, kiwi, sharon – en fin chokladbit eller en snibb av vår snabba chokladtårta.

12-minuters chokladtårta

Till 1 tårta, ca 12 bitar:
100 g smör
100 g mörk choklad
2 ägg
2 dl strösocker
1 3/4 dl vetemjöl
1 msk konjak eller rom

Gör så här:
1. Sätt ugnen på 200°. Smält smör, lägg i chokladen i bitar att smälta.
2. Vispa ihop ägg och socker och rör ner mjöl och smörchokladen.
3. Smaksätt med konjak och häll upp i form, ca 24 cm i diameter, med ett bakplåtspapper fastklämt i botten. Grädda ca 12 minuter mitt i ugnen.

Laxtartar med dillsås och bakpotatis

Gravlax, dill och potatis – självklara inslag på en fredagsfest med svenska förtecken.

Laxtartar med bakad potatis och dillsås

Till tartaren blandas tärningar av gravlax med lika delar tomat och smaksätts med dill, rödlök, salt och socker.

Till 4 personer:
4–8 bakade potatisar
200–300 g gravlax i skivor eller putsad bit
2 krm salt
2 krm socker
1/2 krm vit- el svartpeppar ur kvarn
2 bifftomater
2 msk hackad rödlök
1 msk hackad dill
Dillsås:
50 g smör
1/2 knippa dill
2 dl creme fraiche
Tillbehör:
1 röd lök
dill
ev laxrom

Gör så här:
1. Sätt ugnen på 225°. Tvätta potatisarna. Skär ett kryss och baka dem 40–50 min.
2. Skär bort laxskinnet och skär laxen i små fina tärningar, krydda upp smaken med salt, socker och peppar.
3. Klyv och skala tomaterna tunt för hand. Skiva dem och ta bort kärnor och det hårda fästet. Skär dem sedan i lika fina tärningar som laxen. Hacka lök och dill. Blanda allt med laxen. Smaka av.
4. **Dillsås:** Smält smöret. Hacka dillen och blanda ner den och creme fraiche i smöret. Värm såsen.
5. Servera varm potatis tillsammans med lax och varm dillsås, eventuellt laxrom, samt extra lök och dill till.

Lyxmazarin med äppelkompott

En tårta av mazarinfyllning som serveras med äppelkompott.

Till 8 bitar:
100 g mjukt smör
250 g riven mandelmassa
2 rivna bittermandlar el 1 droppe essens
3 ägg, rumstempererade
Till formen:
smör
flagad mandel
ströbröd
Äppelkompott:
4 äpplen
1 dl vatten
1/2 dl strösocker
saften av 1/2 citron

Gör så här:
1. Sätt ugnen på 175°.
2. Smörj en form, ca 24 cm i diameter, med löstagbar kant. Strö den med flagad mandel och därefter med ströbröd.
3. Rör samman smör, mandelmassa och bittermandel.
4. Vispa äggen, som inte får vara kylskåpskalla. Blanda lite i taget i mandelsmeten.
5. Häll smeten i formen och grädda längst ner ca 25 min. Lossa kakan ur formen.
6. Skala och skär äpplena i kuber och koka dem riktigt mjuka i vatten, socker och pressad citron.

Vintips

Öl och en liten nubbe är förstahandsval. Halvtorr tysk riesling av god kvalitet är ett spännande alternativ för den som vågar.

Laxfärs med hummersås

Sammetslen, luftig laxfärs bjuds med savojkål och färska räkor. Lyxigt gott till såväl små som stora kalas.

Laxfärs med hummersås och kumminsauterad savojkål

Den luftiga laxfärsen går mycket bra att göra större satser av. Den är tålig och lätthanterlig och kan till och med värmas försiktigt om man gräddat den lite i förväg.

Till 4 personer:
100 g rent laxkött (1 1/2 dl)
3/4 tsk salt
1 ägg + 1 äggvita
1/2 msk pressad citron
1/4 krm cayennepeppar
2 dl vispgrädde
Tillbehör:
hummersås, se recept
kumminsauterad savojkål, se recept
ca 300 g färska räkor
kokt ris

Gör så här:
1. Sätt ugnen på 125° med en långpanna fylld med vatten i nedre delen av ugnen.
2. Skär laxköttet i bitar. Mixa det väl i matberedare med saltet. Mixa ner det hela ägget, citron, cayenne och till sist grädden lite i taget utan att köra för länge.
3. Vispa äggvitan till skum och vänd ihop den med laxsmeten.
4. Fyll smorda portionsformar eller en ugnssäker form eller mindre springform, 16–20 cm diameter. Lägg ev också ett smort papper i botten så är du är säker på att det går bra att stjälpa upp färsen.
5. Grädda i vattenbadet 50–60 minuter. Stjälp upp på värmda tallrikar eller uppläggningsfat, häll över lite hummersås och lägg skalade räkor över och runt om. Bjud resten av såsen separat liksom kumminsauterad savojkål och kokt ris. Om färsen gräddats lite i förväg, värm den försiktigt, eventuellt i mikrovågsugn och hellre aningen för lite än för mycket.

Hummersås

Lättlagad tack vare fina halvfabrikat.

Till 4 personer:
1/2 dl koncentrerad hummerfond
1 dl vatten
1 dl torrt vitt vin
1 dl vispgrädde
1/4 krm cayennepeppar
2 msk ljus maizenaredning
eller 1 1/2 msk vetemjöl

Gör så här:
Blanda samtliga ingredienser och sjud såsen under omrörning ett par minuter. Sjud lite längre om du använder vetemjöl. Smaka av och servera.

Kumminsauterad savojkål

Den vackert gröna och krusiga savojkålen blir verkligen god på detta enkla vis.

Till 4 personer:
1 litet savojkålshuvud
2 msk smör
1/2 tsk hel kummin
1/4 tsk salt

Gör så här:
1. Skölj och fyrdela kålhuvudet. Skär bort hårda delar, strimla kålen riktigt fint.
2. Lägg den i en gryta med kokande vatten, koka upp på nytt. Sila genast av kålen.
3. Smörfräs den med kummin ca 10 minuter. Salta lätt och servera.

Vintips

Lax, kål, kummin – då passar vitt vin från Alsace, t ex pinot blanc eller pinot gris.

Apelsinsallad med granater

Frisk, god, vacker. En fruktsallad är den optimala desserten när huvudrätten innehåller smör och grädde.

Till 4 personer:
4 apelsiner
1 dl vatten
1 dl strösocker
1 granatäpple
2 kiwifrukter

Gör så här:
1. Finriv skalet av en apelsin och spara det. Skala apelsinerna med kniv så att det vita försvinner. Skiva dem tunt och ta bort alla kärnor.
2. Koka upp vatten, strösocker och det rivna apelsinskalet. Låt svalna.
3. Häll lagen över skivorna. Låt salladen safta sig ett tag.
4. Garnera inför serveringen med skivad kiwi och granatäppelkärnor.

Granatäppelkärnorna frigörs lättast ur sitt pappersaktiga hölje om man plockar sönder frukten i en skål med kallt vatten. De gnistrande ätliga kärnorna faller till botten, pappershöljet flyter och hälls bort med vattnet.

Pepparrotssurprise till halstrad hälleflundra

Hälleflundra steks eller grillas i grillpanna och serveras med riven pepparrot, smör och honung – och blir till en smaksensation.

Hälleflundra med pepparrot, smör och honung

Den goda pepparrotskompositionen kan naturligtvis serveras till annan fisk än hälleflundra. Ugnsbakad gösfilé till exempel, är mycket god till.

Till 4 personer:
4 bitar hälleflundra (à 150 g)
1–2 msk smör
1 tsk salt
1 krm nymald vitpeppar
riven pepparrot (minst 150 g)
200 g smör
2–4 msk flytande honung
Tillbehör:
600 g färsk potatis
250 g späda haricots verts
1 knippa rädisor
100 g cocktailtomater
2 msk smör
1 tsk salt

Gör så här:
1. Koka potatisen mjuk, häll av vattnet och låt den ånga av med en bit hushållspapper under locket. Häll kallt vatten på haricots verts och låt dem koka upp. Häll av vattnet och spola dem i kallt vatten.
2. Riv rikligt med pepparrot, lägg i en skål och täck över med ett fat. Smält 200 g smör i en liten kastrull. Skölj och ansa rädisorna. Låt gärna en bit av stjälkarna sitta kvar.
3. Hetta upp 1–2 msk smör i en stekpanna. Salta fisken och stek 2–4 min på var sida beroende på fiskens tjocklek. Lägg upp fiskbitarna efter hand på ett fat och täck över med folie.
4. Hetta upp 2 msk smör i en stor stekpanna eller wok. Bryn potatisen en minut, tillsätt bönor, rädisor och tomater. Låt blandningen bli varm. Smaka av med salt.
5. Servering: Lägg upp fisk och grönsaksblandning på 4 tallrikar. Lägg därefter en rejäl hög med riven pepparrot på varje tallrik, ringla över 1/2 msk honung och slå slutligen på ett par matskedar av det varma, smälta smöret. Servera pepparrot, honung och smör vid sidan om i skålar så att var och en kan servera sig själv mer.

Vintips

Ett fylligt vitt vin med fatkaraktär. Rejäl chardonnay från Australien eller USA blir bra.

Strawberry Margarita

Jordgubbar och lime ger drinken sötma och frisk fruktighet.

Strawberry syrup ger färg och smak. Finns ofta på den amerikanska hyllan i butikerna. I annat fall kan du öka mängden florsocker och tillsätta en droppe röd karamellfärg.

Till 4 personer:
150 g ansade jordgubbar
8 msk tequila
1 msk florsocker
2 msk pressad lime (1–2 lime)
2 msk strawberry syrup
250 g isbitar

Gör så här:
1. Lägg samtliga ingredienser utom isen i en mixer och mixa till en slät kräm.
2. Lägg isbitarna i en plastpåse och krossa dem med undersidan av en kastrull.
3. Lägg den krossade isen i mixern och kör till en jämn iskräm. När det slutar väsnas i mixerglaset är drinken klar.

Häll upp i vackra glas och servera med en skiva lime och/eller jordgubbe på kanten och ett sugrör.

Marulk med kompott och koriandersås

Kombinationen mango, avokado och fisk låter kanske lite udda, men det blir verkligen gott! Såsen med koriander sätter pricken över i.

Grillad marulk med varm kompott och koriandersås

Se till att du får mogen mango och avokado. Koriandersåsen och den friterade purjolöken kan gärna göras i förväg.

Till 4 personer:
4 skivor marulk (ca 700 g)
1 msk olivolja
1 tsk salt
2 krm nymald vitpeppar
Koriandersås:
1 kruka färsk koriander
2 dl lätt creme fraiche
finrivet skal av 1 lime + 1 msk saft
1 krm salt
Friterad purjolök:
1 purjolök
1–1 1/2 dl olivolja
Avokado- och mangokompott:
3 salladslökar
1 röd spansk pepparfrukt
2 mango
3 avokadofrukter
2 msk olivolja
1 krm salt

Gör så här:
1. Skär bort mittbenet på marulkskotletterna så det blir två benfria skivor. Putsa dem runt om. Pensla med olivolja. Salta och peppra.
2. Koriandersås: Koka upp lite vatten och förväll korianderbladen mycket snabbt. Häll av och kyl dem i kallt vatten. Låt rinna av väl. Mixa korianderbladen med creme fraiche och rivet limeskal. Smaka av med limesaft och salt.
3. Friterad purjolök: Skölj och dela purjolöken i 1 dm långa bitar. Torka och skär bitarna i smala strimlor. Hetta upp oljan i en liten kastrull. Den behöver inte vara lika het som till vanlig fritering. Mjukfritera lite i taget några minuter. Låt purjolöken rinna av på hushållspapper.
4. Mango- och avokadokompott: Skiva salladslökarna. Ta bort mellanväggar och kärnor och finhacka pepparfrukten. Kärna ur, skala och skär mango och avokado i bitar. Fräs salladslök och pepparfrukt i olivolja en kort stund i en vid panna. Tillsätt mango och avokado, vänd runt försiktigt tills allt blir varmt.
5. Grilla fisken på utegrill eller i grillpanna.
6. Lägg upp kompott och fisk. Toppa med den friterade purjolöken.

Vintips

Något vitt, smakrikt med kryddighet. Kanske en gewurztraminer från Alsace, eller en mogen riesling från Österrike.

Trippeldessert

Hallon och persika är en underbar kombination som här serveras med en lätt syrlig vaniljkräm. Om du använder frysta hallon bör de inte ha tinat helt. En mycket lättgjord dessert som ser festlig ut när den serveras i glas.

Till 4–6 personer:
1 burk persikor, ca 800 g
2 dl vispgrädde
1 dl strösocker
1 burk kesella (250 g)
1 tsk vaniljsocker
200 g hallon
4–6 italienska avlånga kex

Gör så här:
1. Häll av spadet och låt persikorna rinna av. Klyfta dem.
2. Vispa grädden och blanda ner socker, kesella och vaniljsocker.
3. Varva persikor, vaniljkräm och hallon i glas. Toppa med ett italienskt kex.

Musslor och marulk i fin harmoni

Marulk och pilgrimsmusslor grillas och får sällskap på tallriken av en mild tomatconcassé. En måltid med rena, fina smaker från havet.

Grillade pilgrimsmusslor och marulksmedaljonger med tomatconcassé och hummersås

Pilgrimsmusslan ska liksom marulken behandlas mycket varsamt vid tillagningen. För båda gäller regeln att hellre grilla eller pochera för lite än för mycket.

Har du svårt att få tag på pilgrimsmusslor kan du med framgång grilla enbart marulksmedaljonger eller någon annan fiskfilé med fast kött, t ex piggvarsfilé.

Till 4 personer:
32 stora oskalade ishavsräkor
8–12 pilgrimsmusslor
400 g skinn- och benfri filé av marulk eller piggvar
1 tsk salt + olja till pensling
lite nymald vitpeppar

Hummersås:
2–3 finhackade schalottenlökar
skalen från räkorna
1 1/2 msk tomatpuré
1–2 msk olja
1 fiskbuljongtärning + 2 dl vatten
2 dl torrt vitt vin
3 msk koncentrerad hummerfond
1 dl creme fraiche
1/2 krm cayennepeppar
ca 1 msk smör

Tomatconcassé:
2–3 färska tomater
3 msk finhackad schalottenlök
1 finhackad vitlöksklyfta
2 + 1 msk smör
1 msk tomatpuré
1/2 tsk salt + en aning nymald vitpeppar

Tillbehör:
4 portioner nykokt saffransris (2 dl ris, 4 dl vatten, 0,5 g saffran kokas under lock 18 minuter)

Gör så här:

1. Hummersås: Skala räkorna. Fräs lök, räkskal och tomatpuré lätt i oljan utan att det får färg. Tillsätt smulad fiskbuljongtärning, vatten, vin och hummerfond och låt det hela koka 15 minuter. Förbered och koka under tiden saffransriset.

2. Sila och koka ihop hummersåsen tills knappt 2 dl återstår. Tillsätt creme fraiche och ge såsen ett uppkok. Smaka av med cayennepeppar och eventuellt några korn salt om det behövs. Avsluta med att vispa i en smörklick.

3. Tomatconcassé: Skålla, skala och grovhacka tomaterna. Fräs lök och vitlök lätt i ca 2 msk smör. Tillsätt tomatpuré och tomathack; låt allt koka ihop 8–10 min till en tomatröra. Smaka av med salt och lite nymald vitpeppar. Rör i ca 1 msk kallt smör.

4. Hetta upp en grill- eller gjutjärnspanna ordentligt. Skär fiskfilén till mindre medaljonger. Krydda fisken och pilgrimsmusslorna med salt och ytterst försiktigt med nymald vitpeppar samt pensla dem lätt med olja. Halstra på högsta värme 1–1 1/2 min på varje sida för fisken och knappt 1 minut på varje sida för pilgrimsmusslorna. För stora musslor eller tjocka fiskmedaljonger får man eventuellt lägga till någon extra minut i pannan. Lägg upp på heta tallrikar, servera omgående med sås, ris, tomatconcassé och räkor.

Vintips

Satsa på en välgjord chardonnay; gillar du inte ekfat så välj en chablis, annars en riktigt bra amerikanare.

Äppelkompott med romsmak

En dessert lika enkel som suveränt god.

Beräkna ett stort, aromatiskt, lätt syrligt äpple per person.

Skala och klyfta äpplena i en kastrull. Tillsätt 1/2–1 dl strösocker beroende på äpplets syra och sötma, samt 1/2 dl mörk rom. Låt koka några min med lock, sedan utan lock tills du får en lätt mosig kompott, men fortfarande med hela äppelbitar i.

Servera kompotten ljummen i portionsskålar med ca 1/2 dl kall, ovispad vispgrädde omkring. Strö slutligen några lättrostade pinjenötter eller grovhackade valnötter över samt några droppar extra rom.

Marinerad fisk och grönsaker med sting

Här kombineras det aromatiskt starka med en finstämd grundkryddning. Till förrätt bjuds en lättlagad aptitretare med inspiration från Australien.

Grillad marinerad fisk med sardellgrönsaker och rostad vitlök

Fisken blir godast om den får marinera några timmar. Den gröna tabascon som passar till fisken är gjord på jalapeñopeppar och är något mildare än den röda tabascon.

Till 4 personer:
600 g fiskfilé, t ex kattfisk, gös eller hälleflundra
2 msk olivolja
1 pressad vitlöksklyfta
rivet skal av 1/2 citron
2 msk pressad citron
1 tsk salt
Rostad vitlök:
2 hela vitlökar
1 msk olivolja
1 krm salt
1 krm svartpeppar
Sardellgrönsaker:
300 g skärbönor
1 rödlök
3 tomater
1 ask sardeller (53 g)
2 msk olivolja
1 kruka rucolasallad
Tillbehör:
grön tabasco

Gör så här:
1. Blanda samman olivolja, vitlök, citronskal och citronsaft i en grund form. Skär fisken i portionsbitar och lägg dem i marinaden. Låt marinera kallt minst 2 tim. Vänd fiskbitarna då och då.
2. Rostad vitlök: Sätt ugnen på 200°. Skär av topparna på de hela vitlökarna. Ställ dem på ett ugnssäkert fat. Ringla över olja och strö på salt och peppar. Rosta dem mitt i ugnen ca 25 min tills de börjar få lite färg.
3. Ansa och skär bönorna i ca 5 cm långa bitar. Koka dem i lättsaltat vatten ca 3 min. Spola dem i kallt vatten och låt dem rinna av. Skala och skär rödlöken i tunna klyftor. Skålla, skala, klyfta och kärna ur tomaterna. Finhacka sardellerna.
4. Ta upp fiskbitarna ur marinaden och strö på salt. Grilla dem på grill eller i grillpanna på båda sidor. Tiden kan bli olika beroende på fiskens tjocklek.
5. Hetta upp olja i stor stekpanna eller wok. Fräs de förkokta skärbönorna samt rödlök ca 2 min. Lägg i tomatbitar och sardeller, fräs ca 1/2 min. Blanda ner rucolasallad, fräs ytterligare ca 1/2 min.

6. Servera varma sardellgrönsaker med den grillade fisken, rostad vitlök och några stänk grön tabasco runt om på varje tallrik.

Vintips

Med så smakrik mat måste vinet vara detsamma. Välj en bra australiensisk chardonnay.

Dukkah

Dukkah är en suverän aptitretare. Doppa en nybakad brödbit i olivolja blandat med balsamvinäger och doppa den sedan i nöt- och kryddblandningen. Enkelt och gott.

Till 6 personer:
1/2 dl finhackad sötmandel
1/2 dl finhackade valnötter eller hasselnötter
1 msk sesamfrön
1 tsk hel spiskummin
1/2 tsk torkad rosmarin eller timjan
2 krm salt
1/2 dl balsamvinäger
1 dl olivolja
vitt bröd

Gör så här:
1. Rosta mandel och nötter samt sesamfrö i en torr stekpanna på medelgod värme tills blandningen börjar få färg.
2. Stöt spiskummin och rosmarin i en mortel och blanda det med nötblandningen. Tillsätt salt.
3. Häll dukkah på ett litet fat, olja och vinäger på ett annat. Servera med nybakat bröd.

Grillad fisk med varm sallad

Grillad fisk är härlig mat. Här tillsammans med grillade skivor av bakpotatis och en varm, wokad sallad med spännande smaker.

Grillad fisk med varm sallad på tomat, rödlök, mango och paprika

Fisk som går bra att grilla är t ex havskatt, marulk och havsabborre. Grilltiden beror på hur tjock fiskfilén är.

Till 4 personer:
600 g fiskfilé, t ex havskatt, marulk, havsabborre
2 tsk paprikapulver
1 krm cayennepeppar
1 krm mald fänkål
1 krm timjan
1 tsk salt
Varm sallad:
4 tomater
1 rödlök
2 mango
2 paprikor
rivet skal av 1 lime
1 msk pressad lime
1/2 tsk strösocker
1/2 tsk salt
1 tsk sambal oelek
2 msk finhackad färsk koriander
olja till stekning
Tillbehör:
skivad grillad bakpotatis
limeklyftor

Gör så här:
1. Börja med bakpotatisen som tvättas och skärs i centimetertjocka skivor. Koka skivorna i saltat vatten ca 10 min. Häll av vattnet. Skivorna penslas med olja och grillas sedan strax före servering.
2. Skålla, skala, klyfta och kärna ur tomaterna. Skala och skiva den röda löken. Skala, kärna ur och klyfta mangon. Kärna ur och strimla paprikorna.
3. Fisken: Blanda paprikapulver, cayennepeppar, fänkål, timjan och salt. Skär fiskfiléerna i portionsstora bitar. Strö kryddblandningen på båda sidor. Grilla eller stek potatis och fisk på båda sidor i het grillpanna.
4. Hetta upp olja i en wok eller stor stekpanna och lägg i tomater, rödlök, mango, paprika och rivet limeskal. Stek ca 3 min. Blanda ner limesaft, socker, salt och sambal och stek ca 1 min. Strö över koriander och servera.

Vintips

Till både förrätt och varmrätt behövs ett fylligt vitt vin med balanserad fatkaraktär, t ex sydfransk eller chilensk chardonnay.

Liten grön förrätt med sardelldressing

Till denna enkelt tillagade gröna förrätt är det inte så noga vilka salladssorter man väljer.

Här har vi valt romansallad och en ganska ny sort som heter Castel Franco. Den är ljus i färgen med mörkröda fläckar, och är släkt med rosésallad fast har mjukare smak.

Färsk grön sparris kan serveras nykokt och varm på salladen, men den är god även kall.

Det är framför allt dressingen som ger rätten karaktär.

Till dressingen:
2 hårdkokta äggulor
2 råa äggulor
1 vitlöksklyfta
2 dl olivolja
1/2 dl pressad citron
3–4 finhackade sardeller
1 krm svartpeppar
2 msk finhackad persilja
ev salt

Gör så här:
1. Passera de hårdkokta äggulorna genom en finmaskig sil. Blanda dem i en skål med de råa äggulorna samt pressad vitlök.
2. Vispa ner olja först droppvis och sedan i en jämn stråle. Blanda ner citronsaft, sardeller, peppar och persilja. Smaka eventuellt av med salt.

Sjötunga på klassiskt manér

Bjud på kungen av Västerhavets plattfiskar. Här serverad "à la Belle Meunière", vilket betyder att fisken är vänd i mjöl och stekt i smör.

Sjötunga à la Belle Meunière

Det finns minst två viktiga tillbehör för att rätten ska bli à la Meunière. Dels citron, som ska vara skuren i rejäla klyftor eller i halvor med en skåra, plus att anrättningen toppas med grovhackad persilja. I serveringsögonblicket hälls nybrynt smör över så att persiljan "kryllar sig". På varje tallrik ringlas också 1 msk kalvsky.

Till 4 personer:
350 g färska champinjoner
500 g sjötungsfilé (även rödtunga, slätvar eller piggvar passar bra)
ca 1 tsk salt
ca 1 krm nymald vitpeppar
ca 1 dl vetemjöl till panering
3 + 4 msk smör till stekning och bryning
1 knippa persilja (ca 1 dl grovhackad)
1 msk konc kalvfond + 3 msk vatten
Tillbehör:
1–2 citroner
nykokt potatis (ev mandelpotatis)

Gör så här:
1. Tvätta, torka och skiva champinjonerna (ej för tunt). Hetta upp en stekpanna och krydda under tiden fiskfiléerna samt vänd dem i mjölet.
2. Låt 3 msk smör bli lätt brynt i en stekpanna. Lägg i filéerna, stek dem gyllengula, 3–4 minuter på varje sida beroende på storleken. Fördela fisken på heta tallrikar och håll den varm under folie på spiskanten.
3. Bryn champinjonerna i smör i het panna tills de får vacker färg. Fördela svampen över fisken. Koka upp kalvfonden med vattnet och ringla 1 msk kalvsky på varje tallrik.
4. Hetta upp pannan igen och bryn ca 4 msk smör så att det blir ordentligt nötbrynt. Fördela den hackade persiljan på fisken och svampen och slå slutligen nybrynt smör över det hela. Servera omgående och bjud nykokt potatis och citron till.

Vintips

Här är det klassiska absolut rätt val: källarsval röd beaujolais, gärna från Chiroubles, Fleurie eller Regnié.

Little Devil

En smakrik drink med ett lockande namn.

Till 1 drink:
2 cl gin,
2 cl vit rom,
2 cl Cointreau,
2–3 cl färskpressad lime.

Gör så här:
Mät upp ingredienserna. Tillsätt lite krossad is, skaka eller blanda väl, slå upp i glas och njut.

1998

Sjötungsrullar med vinsås

En måltid med guldkant där helgens lyxiga fisk möter vardagens goda pasta.

Sjötungsrullar med vinsås och pasta

Här lindas sjötungsfiléerna kring en halverad havskräftstjärt, dels för att det blir så gott, dels för att man på så sätt kan få de fyra fileérna från en sjötunga att räcka lite längre.

Middagen går bra att förbereda. Sjötungsrullarna kan stå färdiga för ugnskok, såsen kan vara klar och pasta, potatis eller ris kokas inför serveringen.

Till 4 personer:

filéer från 1 sjötunga på 600–700 g
2 färska oskalade havskräftor
1/2 tsk salt
1 kruka basilika
1 schalottenlök
1 msk smör
3 dl torrt vitt vin
1/2 tsk salt
2 dl vispgrädde
1/2 tsk tomatpuré
1/3 krm saffran
1/2–3/4 grönsaksbuljongtärning
1 krm cayennepeppar

Tillbehör:

400 g bandpasta

Gör så här:

1. Lägg sjötungsfiléerna med utsidan upp och salta dem. Skala och halvera havskräftorna och lägg en stjärthalva på varje sjötungsfilé och dessutom basilikablad. Rulla ihop med början vid den tjockare änden. Stick eventuellt i en tandpetare. Sätt ugnen på 200°.

2. Hacka schalottenlöken och fräs den genomskinlig i smör i en vid panna. Låt skalen från havskräftorna fräsa med och tillsätt vinet. Koka ihop tills hälften återstår och salta.

3. Koka ihop grädden till hälften i en såskastrull och blanda ner tomatpuré, saffran och buljongtärning.

4. Förbered pastakoket.

5. Inför serveringen: Ställ sjötungsrullarna i pannan med lök och vin. Täck med lock eller folie och koka dem i ugnen 15 minuter. Ta upp och håll sjötungsrullarna varma, sila över buljongen i gräddgrytan. Koka upp såsen och smaka av den med cayenne.

6. Sila upp pastan och blanda den med en tredjedel av såsen. Ta ur ev tandpetare, klyv sjötungsrullarna med sågtandad kniv och lägg dem på pastan tillsammans med basilikablad. Servera resten av såsen till.

Vintips

Fin mat kräver fina viner. Satsa på en god riesling från Alsace, eller en sauvignon blanc från Sancerre.

Grön fruktsallad

Vackra gröna frukter parfymeras med melonlikör och blad av citronmeliss. Enklare kan det inte bli. Gott till är lövtunna, frasiga sesamflarn.

Till 4 personer:

1 liten grön melon
2 kiwi
100 g gröna, gärna kärnfria druvor
ca 1 dl melonlikör
1 kruka citronmeliss

Sesamflarn, 12 st:

2/3 dl strösocker
drygt 2 msk vetemjöl
1/2 dl oskalat sesamfrö
finrivet skal av 1/2 apelsin
2 msk pressad apelsin

Gör så här:

1. Skala melon och kiwi och skär dem i bitar. Halvera druvorna. Blanda och häll på melonlikör. Garnera med citronmeliss.

2. Sesamflarn: Sätt ugnen på 225°.

3. Blanda allt i en kastrull och värm under omrörning tills sockret smält.

4. Grädda i två omgångar och klicka ut 6 teskedsstora klickar av en enkronas storlek glest på plåt med bakplåtspapper.

5. Grädda mitt i ugnen tills flarnen slutat bubbla och fått fin färg. Ta ut och lossa dem efter en halv minut medan de fortfarande är varma. Låt dem kallna på galler.

Cambozola fylld fläskfilé Sid. 158
Kreol gryta 150
Ugnsbakad kyckling " 84

Rödtunga med svamp och färsk sparris

Duka upp en färgglad meny med inte mindre än två solgula såser: saffranssås till den goda fisken och mangosås till efterrättens päron.

Cocottebakad rödtungsfilé med svamp- och sparrisfräs

Får du inte tag på stora rödtungsfiléer går det utmärkt med mindre. Beräkna då två filéer à ca 50 g per person.

Svamp kan du välja efter tillgång i grönsaksdisken; shiitakesvamp, ostronskivling eller vanliga champinjoner går utmärkt. Sparrisen ska vara grön och helst färsk.

Till 4 personer:

400 g rödtungsfilé (4 stora à 100 g eller 8 mindre à 50 g)
1/2 tsk salt
2 msk smör till formarna

Svamp- och sparrisfräs:

3 dl tärnad färsk svamp (ca 100 g)
1 dl tunt skivad schalottenlök
150 g färsk grön sparris i tunna bitar
2 msk smör
1 dl grovriven parmesanost
1/2 tsk salt
en aning nymald vitpeppar

Saffranssås:

1 tärning grönsaksbuljong + 1 dl vatten
2 dl creme fraiche
1 paket saffran (0,5 g)

Tillbehör och garnering:

kokt ris el kokt pressad potatis
16 skalade räkor
ev bladpersilja till garnering
4 portionsuffléformar (som rymmer ca 2 dl styck)

Gör så här:

1. Sätt ugnen på 225°. Smöra formarna generöst med smör. Salta fisken lätt och klä insidans kant med en eller två filéer i varje form. Förbered och koka ris eller potatis som tillbehör.

2. Svamp- och sparrisfräs: Fräs svamp, lök och sparris 2–3 minuter i smör utan att det får färg. Smaksätt med parmesanost, salt och lite peppar och fördela fräset i formarna.

3. Ställ formarna i hett vattenbad och grädda i mitten av ugnen ca 15 minuter.

4. Saffranssås: Koka upp vattnet med buljongtärningen varefter du tillsätter creme fraiche och saffran. Koka såsen 3–5 minuter, och den är klar för servering.

5. Servering: Slå av eventuellt spad från formarna som sedan stjälps upp i mitten på heta tallrikar. Ringla såsen runt omkring och garnera med räkor och eventuellt bladpersilja. Bjud ris eller pressad potatis till.

Vintips

Chardonnay med balanserad fatton, kanske från USA eller Spanien.

Till desserten bjuder vi Asti Spumante, sött bubbligt vin från Italien.

Citronkokt päron med svartvinbärssorbet och mangosås

Skala 4 mogna päron, skär bort en tunn skiva i basen så att de står stadigt. Skär även bort några cm i skaftänden så att du får en liten plattform att spritsa sorbeten på.

Kärna ur päronen med en hålpipsurkärnare så att du får ett rymligt hål genom varje päron.

Koka en lag på 6 dl vatten, 2 dl strösocker och 1/2 dl citronsaft. Lägg i och koka päronen under lock nätt och jämnt mjuka, 5–15 minuter beroende på päronsort och mognad.

Låt päronen kallna i sin lag.

Mangosås:

Lägg fruktköttet från 1 stor väl mogen mangofrukt 400–500 g (frukten ska kännas mjuk när man klämmer lätt på den) i en matberedare eller mixer.

Tillsätt 1/2–1 dl päronlag och kör till en slät sås.

Vid serveringen spritsar du lagom mjukrörd, färdigköpt svartvinbärssorbet i varje päron, avsluta varje spritsning i en rejäl topp.

Servera päronen på assietter med mangosås omkring.

Halstrad gös med rödbetssås

Gör fredagen till en röd dag! Här en sommarlätt middag som innehåller röd drink, röd sås och röda efterrättsbär.

Halstrad gösfilé med gräslök, pepparrot och rödbetssås

Gourmetmatlagning behöver inte alltid betyda att det är dyrt och exklusivt. Det handlar mer om närheten till råvaran, d v s när tiden mellan fångst och skörd fram till pannan och middagsbordet blir så kort som möjligt. Här bjuder vi på gös med enkla, färska råvaror som stomme.

Till 4 personer:
ca 700 g benfri fjällad gösfilé (med skinnet kvar)
1–1 1/2 tsk salt
olja till pensling
Rödbetssås:
ca 2 dl finskurna färska rödbetor
1 schalottenlök i bitar
1 grönsaksbuljongtärning + 2 dl vatten
1/2 dl creme fraiche
ca 75 g mjukt smör
1–1 1/2 msk dijonsenap
1/2 krm cayennepeppar
Tillbehör:
ca 1/2 dl grovklippt gräslök
nyriven pepparrot
kokt eller kokt pressad potatis

Gör så här:

1. Rödbetssås: Skär rödbetor och lök i mindre bitar och koka dem mjuka tillsammans med grönsaksbuljongtärning och vatten ca 10 minuter.
2. Häll allt i en matberedare och kör till en slät puréså.
3. Koka upp såsen tillsammans med creme fraiche och vispa i det mjuka smöret klickvis. Smaksätt slutligen med senap och cayennepeppar och såsen är klar.
4. Elda på grillen eller hetta upp en gjutjärnspanna eller grillpanna. Skär gösen i portionsbitar, krydda med salt och pensla lätt med olja.
5. När du har maximal värme på grill eller panna, lägg på och halstra gösfiléerna med skinnsidan ner först, 2–3 minuter på varje sida beroende på värme och fiskens tjocklek.
6. Fördela fisken på 4 tallrikar med såsen omkring, strö gräslöken över och toppa fisken med nyriven pepparrot. Bjud potatis till.

Vintips

Här är det gott och spännande med ett fylligt rosévin. Välj en bra kvalitet, gärna en clairet från Bordeaux.

Röd drink

Mät upp 3 cl Explorer Lingon och 3 cl outspädd lingondryck. Fyll på med 1 dl mineralvatten och is. Garnera med lime.

Drinktilltugg

Smöra tunna skivor av mörkt grovt bröd. Skär det i snibbar eller ta ut rundlar med ett litet mått eller snapsglas. Toppa med 1 tsk löj- eller sikrom på varje bröd samt garnera med gräddfil och rödlök. Mal slutligen en aning svartpeppar över.

Färska jordgubbar med creme fraiche

Till 4 personer:
Skiva 1 liter färska jordgubbar i portionsskålar. Mjukrör 2 dl lätt creme fraiche och smaksätt med 2–3 msk strösocker (mängden socker beror på bärens sötma), 1 tsk vaniljsocker samt 1 tsk rivet citronskal.

Ringla creme fraichen över jordgubbarna i samband med serveringen och bjud eventuellt en liten kaka till.

Byxad abborre med kräftor

En läcker och snabblagad middag med ingredienser från både hav och land. Abborrfilén kan bytas ut mot någon annan fisk, till exempel gös.

Byxad abborre med kräftor och dill- och citronsås

Abborr- och gösfiléer innehåller många ben. De tas bort genom att filéerna byxas. Skär två snitt i filén på var sida om mittremsan. Den kilformade mittremsan med ben tas bort. Filén får då en byxliknande form och är helt benfri.

I den här rätten ingår också kokta, skalade kräftstjärtar. De säljs både djupfrysta och som kylkonserv i saltlag.

Till 4 personer:
4–8 abborrfiléer (600 g)
1 tsk salt
1 krm nymald peppar
1 + 1 msk smör
250 g kokta kräftstjärtar
1 pressad vitlöksklyfta
1 krm cayennepeppar
Dill- och citronsås:
1 1/2 dl vispgrädde
1/2 dl vatten
1 msk koncentrerad fiskfond
1 grovhackad vitlöksklyfta
1/2 dl hackad dill
1 tsk rivet citronskal
2 tsk pressad citron
2 msk smör
ev 1 krm salt
Tillbehör:
600 g färskpotatis
200 g sockerärter
4 salladslökar
150 g färsk rensad spenat
2 msk smör
2 krm salt
1 krm nymald svartpeppar
Garnering:
strimlat citronskal
dill

Gör så här:

1. Borsta eller skrapa potatisen. Koka den knappt färdig i lättsaltat vatten. Skär potatisen i klyftor. Dela och förväll sockerärterna 30 sekunder i kokande vatten, spola dem i kallt vatten. Skiva salladslöken.
2. Sås: Koka grädde, vatten, fiskfond och vitlök 5 min i en kastrull. Tillsätt dill, citronskal och citronsaft.
3. Hetta upp smör i en stekpanna och stek potatis, sockerärter, salladslök och spenat någon minut. Salta och peppra. Häll upp grönsaksblandningen på varma tallrikar och håll varmt.
4. Krydda fisken. Hetta upp stekpannan igen och stek fisken i 1 msk smör, 1–2 minuter på varje sida beroende på tjockleken. Lägg fisken ovanpå grönsakerna.
5. Låt kräftstjärtarna rinna av väl och fräs dem hastigt med vitlök i 1 msk smör. Krydda med cayennepeppar och lägg kräftorna ovanpå fisken.
6. Hetta upp såsen. Tillsätt smöret och kör upp såsen med mixerstav eller i mixer. Smaka eventuellt av med mer salt och häll såsen över rätten. Strö över strimlat citronskal, garnera med dill och servera genast.

Vintips

Friskt, syrligt och blommigt ska vinet vara. Välj sauvignon blanc, gärna från Nya Zeeland.

Röd knapp med salta rostade mandlar

Till den fruktiga drinken smakar rostade salta mandlar gott. Skålla, skala och rosta mandlarna i torr stekpanna eller i 150° ugn ca 30 minuter. Strö över salt.

Till 1 glas:
1 cl Passoa, passion- och apelsinlikör
3 cl vodka
ca 1/2 dl Cranberry juice
is

Gör så här:
Blanda samman likör, vodka och juice. Servera eventuellt med is.

Svensk torsk med ungersk paprikasås

Dillbakad torsk möter het paprikasås
– det blir en gourmetmiddag med spännande smakbrytningar!

Dillbakad torsk med het ungersk paprikasås

Medan torsken och potatisen steks i ugnen är det enkelt att tillreda den heta paprikasåsen.

Till 4 personer:
2 bakpotatisar (ca 700 g)
1 tsk olivolja
2 krm salt
1 krm hel kummin
75 g smält smör
2 skivor vitt bröd (ca 35 g)
1 stor vitlöksklyfta
1 dl hackad dill
600 g torskfilé
1 tsk salt
1/2 krm nymald svartpeppar
Paprikasås:
2 röda paprikor
2 röda spanska pepparfrukter
2 gula lökar
2 vitlöksklyftor
1 skiva bacon
1 msk olivolja
3 tomater
1 dl torrt vitt vin
1 msk paprikapulver
1 tsk salt

Gör så här:

1. Sätt ugnen på 225°. Tvätta potatisarna och skär dem i 2 cm tjocka skivor. Lägg skivorna på en plåt med bakplåtspapper, pensla potatisarna med olja och krydda med salt och kummin. Stek skivorna i mitten av ugnen ca 30 min.

2. Lägg smör, vitt bröd, vitlök och dill i en matberedare och kör till en grön smet. Skär fisken i portionsbitar, salta och peppra och vik ihop dem. Klicka på dillsmöret och lägg fiskbitarna bredvid potatisen och gratinera ytterligare ca 10 min.

3. Paprikasås: Skölj och kärna ur paprikor och spansk peppar. Hacka dem samt lök, vitlök och bacon. Hetta upp en stekpanna med oljan och fräs alltsammans 5 min under omrörning. Tillsätt tomater i klyftor, vin, paprikapulver och salt. Låt koka 10 min under lock.

4. Kör paprikablandningen slät i matberedare eller mixer. Passera genom en finmaskig sil. Hetta upp såsen igen.

5. Lägg fisken ovanpå potatisen på varma tallrikar och häll eller droppa lite av såsen runt om.

Vintips

Ett torrt vitt vin med kraft och smak, fatlagrad chardonnay från Nya Världen – eller något från franska Jurançon. Till desserten en söt tokajer.

Varma äppelbakelser

Inget kavlande behövs när det finns färdiga smördegsbouchéer att köpa i frysdisken.

Sätt ugnen på 200°. Grädda 4 tinade smördegsbouchéer i mitten av ugnen ca 20 min. Skala, kärna ur och skär 4 äpplen i mindre bitar. Hetta upp en stekpanna med 1 msk smör och stek äppelbitarna tillsammans med 1 dl grovhackade valnötter, 2 msk strösocker och 1 tsk kanel på medelgod värme tills äpplena är mjuka.

Fördela blandningen i de ljumma smördegsbouchéerna, sikta över florsocker och servera direkt med vaniljglass och ett glas Tokaji Aszú.

Lyxig lutfisk med champagnesås

Knaprigt bacon och sås med champagne gör lutfisken till festmat.

Lutfisk eller torsk med champagnesås och knaprigt bacon

Om du inte tycker om lutfiskens speciella smak går det precis lika bra med torsk. Torsken kokas på norskt vis och lutfisken tillagas i mikrovågsugn.

Till 4 personer:

Torsk:

4 portionsbitar med skinn av stor torskrygg eller 4 torskfiléer (ca 700 g)

salt

Lutfisk:

2 kilo lutfisk

2 tsk salt

Champagnesås:

2 dl creme fraiche

2 msk koncentrerad fiskfond

1 tsk ljus dijonsenap

1 dl champagne eller torrt mousserande vin

Tillbehör:

3/4 kilo potatis

1 pkt sockerärter (200 g) + 1 msk smör

8 baconskivor

Gör så här:

1. Torskrygg: Koka upp vatten, ca tre liter, plus en dryg matsked salt. Koka fisken först inför serveringen: Sänk ner bitarna i vattnet, koka upp på nytt, dra grytan av värmen och beräkna att fisken är nätt genomkokt efter 4–5 minuter. Ta då upp dem med hålslev och lägg dem på en servett på förvärmt fat eller direkt på varma tallrikar.

Torskfiléer: Har du vanliga torskfileer, salta ca 1 1/2 tsk och vik dem så att de blir jämntjocka. Lägg dem i smord form, täck med folie och ”koka” mitt i ugnen 10–15 min i 200°.

Lutfisk: Skölj lutfisken i kallt vatten. Tillaga ett kilo åt gången. Lägg fisken i en form med skinnsidan ner. Täck över och laga i mikrovågsugn ca 12 minuter på full effekt. Vrid formen efter halva tiden och låt den efter kokningen stå ett par minuter för temperaturutjämning. Salta efter kokningen.

2. Tillbehör: Koka potatisen. Fräs upp en smörklick och värm sockerärterna över måttlig värme under sporadisk omrörning.

3. Knaprigt bacon: Stek baconet på båda sidor tills det rynkat sig och fått fin färg. Låt rinna av på dubbelt hushållspapper.

4. Champagnesås: Blanda creme fraiche, fiskfond och senap i en kastrull, som gärna kan tas till bordet. Ge blandningen ett uppkok inför serveringen och häll ner 1 dl champagne.

Lägg upp fisk, potatis och ärter på varma tallrikar, häll den skummande såsen runt om och toppa med bacon.

Vintips

Visst kan du bjuda ett vitt vin till fisken, som pinot blanc. Men satsa hellre på ett lätt rödvin; en beaujolais som serveras sval, ca 14 grader.

Äppelklyftor med mandeltosca

Till 4 personer:

3–4 syrliga goda äpplen

Toscaglasyr:

50 g smör

3/4 dl strösocker

1 msk vetemjöl

2 msk mjölk

50 g flagad mandel

Gör så här:

1. Sätt ugnen på 225°.

2. Skär äpplena i tunna klyftor (det är inte nödvändigt att skala) och lägg i smord ugnssäker form.

3. Smält smöret i en kastrull och blanda ner övriga ingredienser. Koka upp under omrörning och häll sedan glasyren över frukten.

4. Grädda mitt i ugnen 10–15 min tills toscan fått fin färg och äpplena mjuknat. Passa mot slutet, uppstickande toppar kan behöva skyddas med folie.

BEAUJOLAIS

Festklädd kyckling i ost från Cypern

Bjud på fin kyckling med mild och läcker panering. Efteråt en bubblande dessert som väcker förtjusning.

Basilika- och halloumipanerad kyckling med citrongrönsaker

Den cypriotiska osten halloumi görs av ko-, får- och getmjölk och innehåller också lite mynta. Osten är både hållbar och mycket användbar. I sitt hemland Cypern grillar eller steker man den i olivolja, men den kan också användas riven i maträtter eller ätas på bröd eller i sallader. Här ger den fin smak och saftighet åt kycklingfilé.

Till 4 personer:
500 g kycklingfilé
1/2 tsk salt
2 krm nymald peppar
250 g halloumiost
1/2 dl finhackad färsk basilika
1/2 dl vetemjöl
2 ägg

Citrongrönsaker:
1 aubergine (ca 300 g)
2 små squash (ca 400 g)
2 tsk salt
2 paprikor i olika färger
6 små lökar
1/2 + 1/2 dl olivolja
1 vitlöksklyfta, pressad
2 msk pressad citron
2 krm nymald peppar
1 ask cocktailtomater (250 g)
finrivet skal av 1 citron

Tillbehör:
vitlöksbröd
citronklyftor

Gör så här:

1. Börja med att skiva aubergine och squash. Lägg dem på fat och salta. Låt stå minst 30 min. Riv citronskalet och pressa ur saften.
2. Vik upp kycklingbröstet där det naturligt vill dela på sig. Lägg på plastfolie och banka med en kastrullbotten tills kycklingfilén blir ca 1 cm tjock. Dela den på mitten.
3. Riv osten grovt. Finhacka basilikan och blanda med osten.
4. Ansa och skär paprikan i bitar. Skala och halvera lökarna.
5. Pensla paprikan och löken med olja. Hetta upp en grillpanna. Grilla dem någon minut på var sida tills de får färg. Lägg över i en traktörpanna.
6. Häll av vätskan från auberginen och squashen. Torka av dem väl på handduk. Pensla med olja och grilla även dem. Lägg över i pannan.
7. Häll på ca 1/2 dl olivolja och pressad citron. Rör om försiktigt.
8. Tillsätt tomaterna och sjud under lock 10–15 min.
9. Vänd kycklingfiléerna i vetemjöl, ägg och sist i osten. Se till att det blir rikligt med ost. Stek dem i olivolja ca 3 min på var sida på ej alltför hög värme. Gärna i panna med släpp lätt-beläggning.
10. Strö citronskal över grönsakerna och smaka av, om det behövs, med salt eller peppar.
11. Lägg upp på varma tallrikar och servera gärna med citronklyftor och vitlöksbröd.

Vintips

Gärna något av de friska grekiska vita viner som numera finns, dock inte retsina. Mjukt rött, sydfransk merlot eller beaujolais, är också gott till.

Sorbet spumante

En kula sorbet i ett glas sött mousserande vin är en härlig avslutning på middagen. Du kan göra den med vilken fruktsorbet som helst. Om det finns barn i sällskapet kan man i stället för vin hälla på riktigt kall sockerdricka eller fruktsoda.

Beräkna 1/2 liter sorbet och en liten flaska (37 cl) italienskt sött mousserande vin till 4 personer.

Gör så här:
Kyl vinet. Gör kulor av sorbeten och ställ in i frysen på kall tallrik före middagen. Ställ glas på bricka, gärna vida champagneglas. Lägg sorbetkulor i glasen och fyll på med vinet.

Kalifornisk caesarsallad med grillad kyckling

Caesarsallad är en stående favorit på världens alla krogar.
Här serverar vi den i en mer matig version med marinerad kyckling.

Caesarsallad med grillad kyckling

Bra råvaror är viktigt: god kallpressad olivolja, äkta parmesanost och rikligt med krispig och fin romansallad, som kan bytas ut mot isbergssallad.

Till 4 personer:
4 kycklingfiléer
2 msk balsamvinäger
2 msk pressad citron
2 msk olivolja
1 tsk salt
1 krm svartpeppar
Krutonger:
4 skivor vitt lantbröd, gärna dagsgammalt
3 msk olivolja
1 vitlöksklyfta
Dressing:
2 sardellfiléer
1 tsk fransk senap
1 äggula
1–2 vitlöksklyftor
1 tsk worcestersås
2 tsk vitvinsvinäger
1 msk pressad citron
1 dl olivolja
1 dl fint riven parmesanost (35 g)
1 msk mjölk
2 krm salt
2 krm svartpeppar
Sallad:
250 g späda haricots verts
1 rödlök
2–3 krukor romansallad (400–500 g)
Garnering:
riven parmesanost

Gör så här:
1. Börja med att marinera kycklingfiléerna. Blanda balsamvinäger, citron, olivolja, salt och svartpeppar i en bunke. Lägg i filéerna och låt stå ca 30 min.
2. Krutonger: Skär brödet i tärningar och rosta dem i olivolja i en stekpanna, de ska få fin gyllenbrun färg. Pressa i vitlöken mot slutet och ställ åt sidan.
3. Dressing: Hacka sardellerna fint och blanda dem med senap, äggula, pressad vitlök, worcestersås, vinäger och pressad citron. Vispa i olivoljan, eller kör med mixerstav. Blanda i parmesanost och mjölk. Smaka av med salt och svartpeppar.
4. Sallad: Förväll haricots verts ca 1/2 minut i lättsaltat vatten. Skölj i kallt vatten, ställ åt sidan. Skala löken, skär den i fina ringar. Lägg den på hushållspapper som drar åt sig lite av den skarpa löksmaken. Ansa och skär de större salladsbladen.
5. Grilla eller bryn kycklingfiléerna hastigt i het panna. Efterstek i pannan på låg värme ca 8–10 min. Låt filéerna vila en stund innan de skärs upp.
6. Blanda hastigt ihop sallad, haricots verts, lök och hälften av dressingen i en stor bunke. Lägg upp på serveringsfat och strö över brödtärningar och lite parmesanost. Servera med kyckling och resten av dressingen.

Vintips

Smakrikt vitt ska det vara – varför inte chardonnay från Kalifornien till denna USA-klassiker? Till desserten gärna ett muscatvin av något slag.

Nektarinpaj

Pajen gräddas direkt på plåten.

Till 6 personer:
3 dl vetemjöl
3 msk strösocker
100 g smör i tärningar
1 litet ägg
Fyllning:
3–4 mogna nektariner, persikor eller plommon (ca 400 g)
1 msk potatismjöl
3 msk farinsocker
Servering:
vaniljglass eller vaniljsås

Gör så här:
1. Kör snabbt ihop ingredienserna till degen i en matberedare. Ta upp degen, arbeta ihop den, lägg i kylen 20–30 min.
2. Sätt ugnen på 225°. Kärna ur och skär nektarinerna i fina klyftor. Blanda potatismjöl och farinsocker, vänd klyftorna däri.
3. Kavla ut degen till en rundel, ca 30 cm diameter, mjöla väl eftersom degen ska flyttas. För försiktigt över den till plåten med hjälp av kaveln. Lägg fyllningen i mitten, vik upp kanterna. Det får inte gå hål i degen, då rinner fruktsaften ut.
4. Grädda i nedre delen av ugnen 25–30 min. Vill du ha mer färg på pajen: Sätt på grillelementet och höj den till översta falsen mot slutet, passa noga. Låt pajen svalna, pudra eventuellt över lite florsocker och servera med vaniljglass eller vaniljsås.

Ravioli med kyckling och två såser

Laga italienskt tillsammans! Det här är en pysslig men mycket god pastarätt med två olika såser. Klassisk antipasto och dessert därtill.

Kycklingravioli med röd och vit sås

Den hemmagjorda pastadegen kan med fördel göras dagen innan. Det underlättar om man har en pastamaskin men det går också att kavla den för hand. Det krävs dock en del kraft för att få degen tunn.

Till 4 personer:

Pastadeg:

300 g vetemjöl (ev hälften durumvete)
3 stora ägg
1 krm salt

Fyllning:

1/2 liter hönsbuljong av tärning
400 g kycklingfilé
50 g färsk rensad spenat
1 msk olivolja
1 tsk rivet citronskal
2 äggulor
2 dl riven färsk parmesanost (50 g)
3 msk vispgrädde
1/2 tsk salt
1 krm svartpeppar

Sås 1:

1 gul lök
1 morot
2 stjälkar stjälkselleri
1 msk olivolja
1 burk hela tomater (400 g)
1 stor vitlöksklyfta
1 dl vitt vin
1 lagerblad
1 tsk salt
1/2 tsk nymald svartpeppar
1 tsk rivet citronskal
2 tsk hackad färsk salvia
eller 1 tsk torkad

Sås 2:

2 dl vispgrädde
1 dl vitt vin
1/2 tsk salt
1 dl riven parmesanost

Gör så här:

1. Pasta: Häll mjöl i en matberedare. Knäck i äggen och tillsätt salt. Kör samman till en mjuk deg. Lägg degen i en plastpåse och låt den vila minst 30 min.

2. Koka upp hönsbuljong och låt kycklingfiléerna till fyllningen sjuda ca 10 min. Ta upp och låt dem svalna.

3. Ansa spenaten och dela i mindre bitar. Hetta upp olja i en liten stekpanna och fräs spenaten hastigt. Lägg upp i en skål.

4. Sås 1: Skala och hacka lök och morot. Hacka stjälkselleri fint. Hetta upp oljan i en kastrull och fräs hacket däri.

5. Tillsätt tomat, pressad vitlök, vin, lagerblad, salt och peppar. Låt såsen sjuda sakta utan lock ca 15 min. Ställ åt sidan.

6. Sås 2: Häll grädde, vitt vin och salt i en kastrull och låt sjuda ca 15 min tills 1 1/2 dl återstår. Ställ åt sidan.

7. Fyllning: Hacka kycklingfiléerna och blanda dem med spenat, citronskal, äggulor, parmesanost, grädde, salt och peppar.

8. Koka upp vatten i en stor gryta med 1 tsk salt/liter. Dela degen i 5 bitar. Kavla ut dem till långa, breda remsor i en pastamaskin, så tunt som möjligt. Dela degen i ca 8 cm breda bitar. Lägg 1–2 tsk av fyllningen på varje, vik över deg och kläm ihop kanterna. Fortsätt tills deg och fyllning är slut.

9. Koka raviolin i omgångar ca 5 min. Ta upp med hålslev och spola hastigt i vatten.

10. Hetta upp såserna. Tillsätt citronskal och salvia till sås 1 och riven parmesanost till sås 2, som mixas till ett skum med en mixerstav. Lägg upp pastan på tallrikar och fördela sås runt om och över. Garnera med salviablad och riven parmesanost.

Vintips

En fyllig italienare, bra valpolicella eller kanske barbera från Alba eller Asti.

Enkelt före

I Italien serveras ofta charkuterier som förrätt. Det är ett enkelt men mycket gott sätt att inleda en måltid. Parmaskinka är en självklarhet liksom någon sorts italiensk salami. Bresaola och oliver samt ett italienskt lantbröd är också gott till. Beräkna 1–2 skivor av varje sort/person om fyra olika charkuterier serveras.

Elegant efteråt

En enkel men sofistikerad dessert är italienska mandelskorpor som doppas i ett glas Vin Santo. Denna ädla dryck görs av druvor som får soltorka något innan de pressas. Resultatet är ett ganska sött vin med bränd ton och smak av nötter, fikon och mandel. De goda skorporna finns att köpa i större livsmedelsbutiker.

Barbera

Blänkande sås till läckra kycklingspett

Maten får både smak, styrka och glans av den goda glazen, en blank söt sås. Här förgyller den snabba kycklingspett.

Kycklingspett med glaze och California fried rice

Den amerikaättade glazen är en sötsimmig, och här tydligt thai-inspirerad sås, som sätter fin smak på nästan vilken mat som helst. Stommen är här sweet chilisås och mango chutney.

Till 4 personer:
3–4 kycklingfiléer
12–16 tunna träpinnar
3/4 tsk salt
1 krm svartpeppar
Glaze:
1 dl sweet chilisås
och/eller mango chutney
2 tsk Colman's senapspulver
ca 2 msk pressad lime eller citron
2 tsk färsk riven ingefära
ev 1 tsk gurkmeja
California fried rice:
3 dl jasminris
1 röd paprika
200 g broccoli + blomkål
1/2 fänkål
3 salladslökar el 10 cm purjolök
3 msk olivolja
1 tsk curry + 1 tsk spiskummin
1 tsk salt
Tillbehör:
2 dl färdigköpt tomatsalsa
el 2 dl tomatkross + sambal oelek
blandat med resten av glazen
ev 1 dl naturell yoghurt

Gör så här:

1. Lägg träpinnarna i vatten en stund. Skär varje kycklingfilé på längden i fyra remsor och trä upp dem på pinnarna.

2. Glaze: Blanda ingredienserna till såsen och smaka av så att den får gott sting och är söt, stark och frisk.

3. Fried rice: Skölj riset väl i durkslag och lägg det i en kastrull. Tillsätt 5 dl vatten. Koka 5 min. Dra sedan kastrullen lite åt sidan och låt riset svälla tills det är nätt kokt och har kornig konsistens, ca 15 minuter.

4. Skär grönsakerna i små bitar och fräs dem glansiga och lite mjuka i oljan i en stekgryta eller wok.

5. Salta, peppra och bryn kycklingspetten snabbt på båda sidor i stekpanna. Flytta över dem till folieklädd långpanna, glasera rikligt med den blanka såsen och låt dem gärna ligga så en stund. Sätt ugnen på grill eller 250°. Stek spetten färdiga först inför serveringen, högt upp i ugnen ca 3–5 minuter.

6. Pudra curry och spiskummin över grönsakerna. Blanda ner riset, fräs och blanda och smaka av med salt. Blanda resterande glaze om sådan finns kvar med tomatsalsa eller tomatkross och sambal oelek eller chili till en sås att servera till spetten och det stekta riset. Bjud gärna naturell yoghurt till.

Vintips

Öl fungerar kanske bäst till de ganska heta smakerna, men halvtorr tysk riesling är valet för den med öppet sinne.

Vattenmelon i rödvinsknäck

En sirapstjock lag på rödvin och socker blandas med bitar av vattenmelon och serveras med stora kulor av vaniljglass.

Till 4 personer:
3 dl rött vin
2 dl strösocker
ca 1/2 vattenmelon
Servering:
vaniljglass

Gör så här:

1. Koka vin och socker över livlig värme ca 10 minuter tills det är trögflytande och sega bubblor bildas. Ställ lagen att kallna.

2. Skär ut stora bitar ur vattenmelonen och blanda dem strax före serveringen med den röda sega sockerlagen, som kommer att tunna sig efterhand som melonen saftar sig.

Sallad med smak av Söderhavet

På en vacker bädd av gröna blad och exotiska frukter frestar nystekta kycklingbitar, doppade i en oemotståndlig marinad. Enkelt, gott – och smalt!

Söderhavssallad med jademarinad och ris

Salladen serveras med fördel med varmt jasminris eller risnudlar när den äts som huvudrätt. Upplagd i mindre portioner är den en strålande fin förrätt.

Till 4 personer:
2 stånd romansallad
1/2 gurka
2 mango
3 avokadofrukter
4 kycklingfiléer
2 msk majsolja + 1 msk smör
1/2 tsk salt
1 krm nymald peppar
Jademarinad:
1 dl kinesisk soja
1/2 dl vatten
2 msk strösocker
2 msk vinäger
2 msk finriven färsk ingefära
2 msk sesamolja
4 pressade vitlöksklyftor
2 krm sambal oelek

Tillbehör:
hälften av marinaden
kokt jasminris eller tunna risnudlar

Gör så här:
1. Blanda ingredienserna till jademarinaden i en skål. Häll över hälften i en liten skål och spara den till serveringen.
2. Skär av topparna på romansalladen och lägg dem som blomblad på fyra portionstallrikar. Strimla resten av salladen och lägg den på tallrikarna.
3. Lägg efterhand övriga ingredienser på salladsbädden. Gör en längsgående rits i gurkskalet – för dekorens skull – och skiva den. Skär mangon i bitar; lättast är att ställa frukten rakt upp och skära av två rejäla skalkar på ömse sidor om den platta kärnan. Skala därefter delarna och skär frukten i tärningar. Klyv avokadofrukterna, ta bort kärnor och ta ut fina bitar med tesked.
4. Skiva filéerna halvcentimetertjockt. Hetta upp en stekpanna med olja + smör.
5. Stek kycklingbitarna snabbt till fin färg, men bara tills de är nätt och jämnt genomstekta. Det är godast om kycklingbitarna fortfarande är mjuka och saftiga. Salta och peppra och lägg dem i jademarinaden. Där kan de sedan marinera en kortare eller längre tid.
6. Koka jasminris eller nudlar. De tunna genomskinliga risnudlarna läggs i kokande vatten och blir klara på ca 3 minuter. Sila upp och spola dem hastigt. Nudlarna kan därefter värmas i mikrovågsugn om de hunnit kallna. Lägg upp kycklingbitarna på salladen och skeda över lite av marinaden. Servera med jasminriset eller risnudlarna och extra jademarinad som tillbehör.

Vintips

Öl, gärna från Kina eller annat asiatiskt land, är första val. Men en torr riesling från Nya Zeeland eller Australien kan också fungera.

Tarzans festbananer

Till 4 personer:
4 mogna bananer
50 g smör
1 dl brunt farinsocker
eller råsocker
1/2 dl konjak
1 msk riven färsk ingefära
Servering:
ev vispad grädde

Gör så här:
1. Sätt ugnen på 200°.
Dela bananerna på mitten och på längden och lägg dem i en ugnssäker form eller en liten långpanna.
2. Smält smöret, tillsätt farinsocker, konjak och ingefära och koka upp.
3. Häll såsen över bananerna och sätt in dem i ugnen ca 30 min.
Ät de varma bananerna med eller utan vispad grädde.

Överbakad kyckling med rotsaksrösti

Här ger parmesanost, parmaskinka och soltorkade tomater kycklingen ett hölje med smak av Italien.

Ost- och skinköverbakad kycklingfilé med rotsaksrösti

Har du svårt att hitta ingredienserna till höljet så välj vanlig enrisrökt skinka i bit och en lagrad ost av typ västerbotten. Tomaterna kan du ersätta med några grovhackade goda oliver. När det gäller rotsaksröstin kan du lägga till eller dra ifrån allt efter vad din butik har att erbjuda.

Till 4–5 personer:
900 g kycklingbröstfiléer (6–7 st)
3–4 msk provensalsk senap (Maille)
ca 1 tsk salt
3 krm grovmald svartpeppar
100 g parmaskinka
3 dl grovriven parmesanost
8 bitar marinerade soltorkade tomater
1 msk smör till formen

Rotsaksrösti:
1 1/2 liter grovrivna rotsaker, t ex morot, rotselleri, kålrabbi, palsternacka, potatis, jordärtskocka
2–3 msk smör
ca 1 tsk salt

Tillbehör:
färska kryddörter typ oregano, timjan eller vattenkrasse
balsamvinäger
kinesisk soja

Gör så här:

1. Sätt ugnen på 200°. Gör ett djupt längsgående snitt mitt uppe på varje kycklingfilé. Lägg filéerna i en smord ugnssäker form och vik ut dem lite så att du får en ficka. Fördela ca 1/2 msk senap inuti varje filé samt salta och peppra dem.

2. Skär skinkan i fina strimlor, grovriv osten samt tärna tomatbitarna. Blanda allt och fördela i varje kycklingfilé. Ställ formen på galler i mitten av ugnen och grädda ca 15 minuter.

3. Rotsaksrösti: Skala och grovriv rotsakerna i en matberedare. Hetta upp och bryn hälften av smöret i en stor stekpanna med beläggning. Blanda och lägg i rotsakerna och fördela dem över pannans hela botten. Packa till lätt med stekspaden och salta.

4. Sänk värmen och stek röstin på medelvärme 6–8 minuter. Vänd upp den på en ugnsplåt utan kanter. Lägg i resten av smöret i pannan och låt det bli brynt. Låt röstin glida ner i pannan och steka färdigt 6–8 minuter på andra sidan.

5. Fördela kycklingfiléerna och tårtbitar av röstin på varma tallrikar och garnera med någon färsk kryddört eller rucolasallad. Servera omgående. Bjud soja och balsamvinäger till.

Vintips

Välj rött italienskt. Valpolicella om du föredrar något lite mjukare, en bra chianti om du vill ha mer stramhet.

Varm päronkompott med vaniljglass

En mycket enkel och välsmakande dessert får du av några mogna päron och en rejäl skvätt portvin.

Till 4–5 personer:
Skala och kärna ur 4–5 väl mogna päron och skär dem i ganska små bitar. Lägg dem i en kastrull tillsammans med 6 kryddnejlikor, 1 liten bit kanel (3–4 cm) samt 1/2 pomeransskal.

Fyll på med rött portvin så att det knappt täcker päronbitarna (ca 2 1/2 dl). Koka ihop det hela tills nästan allt vin kokat in och fruktbitarna börjar mosa sig.

Plocka bort kryddorna och servera kompotten varm till vaniljglass. Bjud gärna ett tunt knäckflarn som tillbehör.

Kyckling fylld med ost och citrongrönsaker

En lättgjord middag med urbenade kycklinglår, fyllda med ost och grönt, i citrusfriskt sällskap. Till dessert bjuder vi på ljuvlig cappuccinomousse.

Spenat- och fetaostfyllda kycklinglår

Har du inte två ugnar kan du antingen ugnssteka potatisen medan du förbereder kycklingen och värma på den senare, eller se till att båda formarna med potatis och kyckling får plats sida vid sida i ugnen.

Till 4 personer:

1 schalottenlök, finhackad
1 vitlöksklyfta, pressad
1 msk olivolja
100 g hackad fryst spenat
100 g fetaost
7–10 hackade färska salviablad
eller 1 tsk torkad
1 krm salt
1 krm nymald peppar
500–600 g kycklinglårfilé
tandpetare eller steksnöre
1/2 tsk salt
2 krm nymald peppar

Citrongrönsaker:

finrivet skal av 1 citron
+ 1 msk pressad citron
4 msk olivolja
2 krm salt
1 krm nymald peppar
ca 200 g sockerärter
200 g cocktailtomater
1–2 avokadofrukter
1–2 salladslökar
1 ask blandad sallad (150 g)

Tillbehör:

ugnsstekt klyftpotatis

Gör så här:

1. Sätt ugnen på 225°. Fräs lök och vitlök i olja. Tillsätt spenaten. Låt den tina och vätskan koka in, så blandningen blir ganska torr.

2. Tillsätt smulad fetaost. Rör till en jämn smet. Smaka av med salvia, salt och peppar.

3. Vik ut kycklinglåren och lägg ca 1 msk fyllning på varje. Vik ihop och fäst med tandpetare eller bind om med steksnöre. Salta och peppra runt om.

4. Lägg dem med skarven upp i en ugnssäker form. Stek dem mitt i ugnen ca 20 min.

5. Citrongrönsaker: Blanda samman citronskal, pressad citron, olivolja, salt och peppar. Ansa och koka sockerärterna ca 1 min. Spola av dem i kallt vatten. Halvera tomaterna, skär avokadoköttet i bitar och skiva salladslöken. Riv salladen i mindre bitar och blanda alltsammans. Häll över citrondressingen.

Servera kyckling och grönsaker med ugnstekt klyftpotatis.

Vintips

Mjukt, fruktigt italienskt rödvin – satsa på en valpolicella av bra kvalitet.

Cappuccinomousse

Börja med att göra moussen så hinner den stelna tills ni ätit huvudrätten. Den kan också göras klar dagen före.

Moussen är enkel att göra, kom bara ihåg att sjuda kaffekrämen tjock och vispa grädden löst.

Till 4–6 personer:

1+2 dl vispgrädde
3 msk starkt kaffe, helst espresso
1 1/2 msk farinsocker
2 äggulor
150 g vit choklad
kakao till garnering

Gör så här:

1. Blanda 1 dl vispgrädde, kaffe, farinsocker och äggulor i en kastrull. Sjud blandningen under vispning på svag värme till en tjock kräm. Ta från värmen.

2. Hacka chokladen grovt och blanda ned den. Rör tills chokladen smält och smeten är jämn.

3. Vispa 2 dl grädde löst. Blanda ned i chokladkrämen.

4. Fördela krämen i portionskoppar och ställ dem i kylskåp ett par timmar. Sikta över lite kakao precis före servering.

Smakrika paket och färgstark mosaik

Saftiga kycklinglår fylls med svamp och förpackas till läckra dolmar. Efteråt en spännande tomat- och aprikoskompott.

Fyllda kycklinglår i savojkål

Savojkålen kan ersättas med annan bladgrönsak, t ex isbergssallad eller mangold, även om de inte är lika smakrika. Salladen behöver bara doppas i kokande vatten för att bli mjuk så att det går att rulla bladen.

Till 4 personer:
1 savojkålshuvud
1 paket kycklinglårfilé (450 g)
1 tsk salt
1 krm nymald svartpeppar
Svampfyllning:
4 schalottenlökar
200 g ostronskivling
1 msk olivolja
1/2 dl hackade valnötter (50 g)
3/4 tsk salt
1/2 krm nymald svartpeppar
Grönsaksmosaik:
1 squash (ca 300 g)
1 röd paprika
1 gul paprika
2 stora tomater
2 msk olivolja
3/4 tsk salt
lite nymald svartpeppar
1 tsk hackad färsk rosmarin
eller 1/2 tsk torkad
2 tsk citronessensolja
Tillbehör:
ca 200 g stekt ostronskivling

Gör så här:

1. Sätt ugnen på 225°.
2. Lossa kålbladen ett och ett, så många som du har lårfiléer. Skölj bladen och skär ner den tjocka nerven så den blir tunn. Förväll dem ca 3 min i kokande saltat vatten (2 tsk/liter). Häll av vattnet och spola dem i kallt vatten och låt dem rinna av.
3. Svampfyllning: Hacka och fräs lök och svamp i olivolja tills de mjuknar. Tillsätt valnötterna. Salta och peppra.
4. Salta och peppra lårfiléerna. Lägg ut ett blad savojkål och lägg en utvikt lårfilé ovanpå. Lägg på ca 1 msk fyllning. Vik ihop och rulla in filén i kålbladet till en dolme.
5. Lägg dolmarna med skarven ner i en ugnssäker form. Täck med aluminiumfolie. Stek mitt i ugnen 40–45 min. Provskär i en dolme.
6. Grönsaksmosaik: Halvera, kärna ur och tärna squash, paprika och tomater. Fräs dem i olja ca 5 min tills de börjar mjukna men har spänst kvar. Ställ åt sidan. Värm och smaka av med salt, peppar, rosmarin och citronolja .
7. Stek tillbehörssvampen i olja. Salta och peppra lätt.
8. Halvera eventuellt dolmarna och lägg upp på varma tallrikar eller serveringsfat.

Vintips

Fruktigt vitt vin med lagom mycket ekton – en chilensk chardonnay är ofta ett bra val.

Glass med tomat- och aprikoskompott i spröd skål

Vårrulledeg, som man köper i asiatiska butiker, är en suverän produkt.

Till 4 personer:
4 ark vårrulledeg (ca 20x20 cm)
1 msk smält smör
1 msk strösocker
Tomat- och aprikoskompott:
2 tomater
6 torkade aprikoser
3 msk strösocker
2 msk Cointreau
Tillbehör:
1/2 liter vaniljglass

Gör så här:

1. Sätt ugnen på 200°.
2. Tina vårrulledegen i förpackningen. Lossa arken och lägg dem i cocotteformar av porslin så att det bildas en skål. Pensla med smör och strö över socker. Grädda mitt i ugnen 8–10 min tills de börjar få färg. Låt svalna i formen och ta sedan ur dem försiktigt.
3. Kärna ur tomaterna. Tärna tomatkött och aprikoser.
4. Koka tomater, aprikoser och socker ca 5 minuter. Rör då och då. Låt svalna och smaka av med likör.
5. Lägg glasskulor i skålarna och skeda över kompott.

Saftiga kycklinglår med ädelost

Potatis och sparris möts i yster dans i stekpannan. Till detta saftiga kycklinglår fyllda med ädelost.

Ädelostfyllda kycklinglår och stekt potatis med sparris

Ett enkelt och snabbt sätt att steka potatis är att först koka den nästan färdig i mikrovågsugn, det tar bara fem minuter för ett halvt kilo små potatisar. Klyv sedan de heta potatisarna och släpp ner dem i en het stekpanna med olivolja. Fem minuter senare är potatisen frasig och färdig.

Till 4 personer:

8–10 kycklinglår, med ben eller urbenade
2 vitlöksklyftor
1 tsk salt
3 krm svartpeppar
100–140 g ädelost, t ex Kvibille gräddädel
8–10 vassa tandpetare eller steksnöre
olja + smör till stekning
3 tomater

Stekt potatis med sparris och sallad:

500 g små potatisar
2 msk olivolja
1 msk brunt senapsfrö
1 tsk grovt salt
16–24 stänglar färsk grön sparris
1 grönsalladshuvud
2 msk balsamvinäger

Gör så här:

1. Sätt ugnen på 225°.
2. Bena ur kycklinglåren och försök spara skinnet så helt som möjligt. Torka köttet och krydda insidan med pressad vitlök, salt och peppar. Skär osten i stavar och lägg en oststav i varje lår. Rulla ihop med skinnet som hölje. Fäst med tandpetare.
3. Bryn kycklinglåren i het panna. Flytta dem sedan till en ugnsform och stek färdigt mitt i ugnen ca 20 minuter. Klyfta ett par tomater och låt klyftorna steka med bredvid kycklingen.
4. Tvätta potatisarna. Lägg dem i en skål och koka dem nätt mjuka med skalen på i mikrovågsugn ca 5 minuter.
5. Hetta upp en stekpanna med olja och senapsfrön. Klyv de heta potatisarna och stek dem i 5 minuter med grovt salt.
6. Skär bort den nedersta träiga biten på sparrisen och skär stjälkarna i 3 centimeter sneda bitar. Stek dem på kraftig värme i en panna för sig eller tillsammans med potatisen ca 5 minuter.
7. Skölj och torka salladen, riv den och bred ut den på tallrikar. Lägg upp den nystekta potatisen och sparrisen på salladen ihop med kycklinglår och tomatklyftor. Droppa balsamvinäger över och servera resten av kycklingen separat.

Vintips

Fylligt vitt vin, t ex chardonnay från Nya Världen – eller mjukt rött, en valpolicella eller beaujolais.

Persikor i vin

Förfriskning och dessert. Välj en mogen men inte övermogen persika och tillred den inför serveringen.

Till 4 personer:

4 persikor
4 msk strösocker
2 dl torrt vitt vin

Gör så här:

1. Doppa persikorna en minut i kokande vatten, spola kallt, dra av skinnet.
2. Skär varje persika i tunna klyftor eller munsbitar runt kärnan ner i ett rymligt vinglas.
3. Sockra och låt frukten safta sig en stund.
4. Häll över vin inför serveringen.

Baconlindad kalkon med fin fyllning

Färsk kalkon fylls med ost och paprika, lindas med bacon och serveras med en varm pastasallad. Enkelt och underbart gott.

Paprika- och getostfylld kalkonschnitzel

Ost ger saftighet till det magra kalkonköttet. Om du inte är förtjust i getost kan du naturligtvis välja en annan smakrik ost.

Till 4 personer:
500–600 g kalkonschnitzel
1/2 tsk salt
2 krm nymald svartpeppar
3 skivor getost (ca 150 g)
1/2 röd paprika
1/2 gul paprika
1 kruka färsk basilika
1 paket bacon (ca 140 g)
Varm pastasallad:
1 squash (ca 300 g)
1 msk olivolja
1/2 tsk salt
1 ask cocktailtomater (250 g)
400 g färsk pasta
Dressing:
resten av basilikan
1/2 dl olivolja
1 vitlöksklyfta, pressad
1 tsk salt
Tillbehör:
rucolasallad

Gör så här:
1. Sätt ugnen på 175°.
2. Salta och peppra schnitzlarna. Banka ut dem något med en kastrullbotten. Dela dem på hälften. Skär bort kanterna från getosten och skär osten i stavar. Skär paprikan i långa strimlor.
3. Lägg ost och 2–3 paprikastrimlor och ett par basilikablad i ena änden på varje schnitzel. Rulla ihop och rulla bacon om. Lägg dem i en ugnssäker form och stek dem mitt i ugnen 25–30 min eller tills innertemperaturen är ca 68°.
4. Skiva squashen tunt och pensla med olja. Lägg dem i en riktigt het grillpanna och tryck till lite så de får mönster och god smak. Vänd och grilla dem på andra sidan. Salta. Dela tomaterna.
5. Dressing: Mixa resten av basilikabladen. Tillsätt olivolja, vitlök och salt.
6. Koka upp rikligt med vatten och salt. Koka pastan enligt förpackningen när kalkonen börjar bli färdig.
7. Häll av vattnet. Blanda den varma pastan med squash och tomater. Häll över basilikadressing.
8. Skiva kalkonrullarna och servera med pastan. Rucolasallad är gott till.

Vintips

Ett vitt vin med friskhet och mjuk frukt. Pinot blanc från Österrike eller Alsace passar bra till.

Pepparlax med mango

En god start på middagen är pepprig lax i fin harmoni med söt mango. Har du tid kan laxen gärna ligga med kryddorna någon timme. Hickory liquid smoke ger fin röksmak till laxen men kan uteslutas.

Till 4 personer:
250 g laxfilé (ca 5 cm bred mittbit)
1/2 tsk salt
1 tsk rapsolja
1 tsk hickory liquid smoke
1 tsk grovmald svartpeppar
Tillbehör:
1 fint tärnad mango

Gör så här:
1. Dela laxbiten på mitten längs med där ryggraden suttit. Ta bort skinnet och se till att inga ben finns med.
2. Blanda salt, olja och hickory liquid smoke. Pensla laxen runt om och klappa in peppar.
3. Stek bitarna hastigt i riktigt het panna runt om men inte för länge, då går det inte att skära snygga skivor. Laxen kan serveras både varm och kall med tärnad mango.

Kalkon, kiwi och melon med smak av Asien

Både förrätt och huvudrätt i denna lättlagade middag har fått smakrik inspiration från det asiatiska köket.

Kiwimarinerad kalkon med melon- och kiwisallad

Thaibasilika säljs ibland också under namnet sweet basil. Den, precis som färsk koriander, citrongräs och fisksås, finns att köpa billigt i specialaffärer för asiatisk mat. Ofta finns de också tillgängliga i större välsorterade livsmedelsbutiker.

Till 4 personer:
ca 400 g kalkonfilé
4 stora schalottenlökar
Marinad:
2 skalade, klyftade kiwi
1 finstrimlat citrongräs
1 hackad, röd spansk pepparfrukt
1 vitlöksklyfta
färska korianderblad (ca 1/2 kruka)
rivet skal av 1 lime
saft av 1 lime (2–3 msk)
1 msk fisksås
Dressing:
2 msk fisksås
2 msk råsocker
rivet skal av 1 lime
saft av 1 lime (2–3 msk)
1 finhackad klyfta vitlök
1 finhackad röd spansk pepparfrukt
finhackad thaibasilika
Sallad:
ca 150 g blandad sallad (1 påse)
1/2 fint skuren gurka
2 kiwi, skalade och skurna i bitar
1/2–1 liter melon i bitar
färska myntablad
färska basilikablad eller thaibasilika
Tillbehör:
rapsolja till stekning
kokt ris

Gör så här.
1. Skär kalkonfilén i bitar och lägg dem i en skål. Skala och klyfta lökarna och lägg dem åt sidan.
2. Marinad: Blanda alla ingredienser och kör dem i en mixer eller med stavmixer lite grann till en grynig massa. Blanda marinaden med kalkonbitarna och låt stå kallt att marinera minst 2 timmar.
3. Dressing: Blanda samman alla ingredienser och låt den stå. Rör om då och då så att sockret löser sig.
4. Blanda ihop salladen. Koka riset.
5. Hetta upp olja i en stor stekpanna eller wok. Ta upp kalkonbitarna ur marinaden och stek dem runt om ca 5 min, så att de får fin färg. Lägg i de klyftade schalottenlökarna och stek ytterligare 2 min. Servera direkt med melon- och kiwisallad, ris och dressing.

Vintips

Öl får bli förstavalet till den här kryddiga rätten. Vinälskaren kan prova antingen en fatig chardonnay eller kanske ännu hellre en halvtorr tysk riesling.

Currysoldater

Ett gott tilltugg inspirerat av engelsmännens "curry soldiers". Lätt att göra med en indisk curry paste som finns av flera märken, t ex Patak's eller Rajah.

Till 4 personer:
6 skivor formbröd (gärna med graham)
2 msk indisk currypasta
2 msk juice (apelsin, äpple eller annan fruktjuice)
Tillbehör:
matlagningsyoghurt blandad med finhackade örter, t ex mynta, thaibasilika och koriander

Gör så här.
1. Sätt ugnen på 200°.
2. Kantskär brödet. Skär fingertjocka stavar och rosta dem mitt i ugnen ca 10 min.
3. Blanda currypastan med juice av något slag. Pensla de rostade brödbitarna på alla sidor och rosta dem ytterligare ca 10 min. Titta ofta så de inte blir brända.
4. Blanda matlagningsyoghurt med finhackade örter.

Servera currysoldaterna som drinktilltugg med yoghurtsåsen bredvid att doppa dem i.

Lammytterfilé med getostfyllning

En huvudrätt där flera spännande smaker sammanfaller till slutlig harmoni. Avrunda med en efterrätt som överraskar med både värme och kyla.

Getostfylld lammytterfilé med rosmarinsås

Har du svårt att få tag på getost, eller är mindre förtjust i den lite speciella smaken, kan den bytas ut mot feta-, västerbottens- eller cheddarost. Även färska örter eller baconfräs är gott att fylla lammet med.

Till 4 personer:
600 g renputsad lammytterfilé
150 g getost
ca 1 tsk salt
ca 1 krm nymald svart- eller vitpeppar
1–2 msk smör till stekning
steksnöre

Rosmarinsås:
2+2 msk smör
2 msk finhackad schalottenlök
1 tsk finstött rosmarin
1/2 tsk finkrossad vitpeppar
1 msk matlagningsmjöl
1 1/2 dl madeira
2 msk koncentrerad kalvfond
+ ca 2 dl vatten
1 msk kinesisk soja
ca 1/2 tsk salt

Italienskt grönsaksfräs:
2 tomater
6 schalottenlökar
1/2 mindre zucchini
1 msk olivolja + 1–2 msk smör
salt + en aning nymald peppar

Tillbehör:
kokt pressad potatis
eller nykokta couscousgryn

Gör så här:

1. Rosmarinsås: Fräs lök och kryddor lätt i 2 msk smör, pudra över mjölet och späd med madeira, kalvfond, vatten och soja under vispning och uppkok. Koka såsen 5–8 minuter och sila den. Vispa slutligen i 2 msk smör, smaka av med salt och såsen är klar.

2. Italienskt grönsaksfräs: Gör ett kryss i tomatskalet och doppa tomaterna i kokande vatten några sekunder tills skalet spricker. Skala, klyfta och kärna ur tomaterna samt skär tomatköttet i strimlor.

3. Skala och skär schalottenlöken i klyftor. Skär zucchinin i stavar. Låt löken koka sakta under lock i olivolja och smör några minuter tills den börjar bli mjuk. Tillsätt zucchini och tomater ett kort ögonblick på slutet för uppvärmning i samband med serveringen. Krydda lätt med salt och peppar.

4. Lammfilé: Dela lammytterfilén i 4 portionsbitar. Gör ett djupt snitt från sidan som en ficka i varje filé. Fördela osten i piléfickorna och bind om var och en med snöre.

5. Hetta upp en stekpanna och låt smöret bli ordentligt brynt. Krydda, lägg i och stek filéerna runt om 5–7 minuter beroende på tjocklek. Låt köttet vila ett par minuter på skärbrädan innan det skärs upp i breda skivor eller bitar. Fördela såsen, grönsaksfräset och potatis eller couscous tillsammans med köttet på heta tallrikar och servera omgående.

Vintips

Kryddig mat med sydfransk känsla. Satsa på ett riktigt bra rött Rhônevin, varför inte från Crozes-Hermitage.
Asti Spumante passar bra till desserten.

Vol-au-vent med varm äppelkompott och svartvinbärssorbet

Vol-au-vent finns att köpa frysta och färdiga för gräddning. Grädda dem enligt förpackningens anvisningar – detta kan du göra en dag i förväg.

Gör så här:

1. Skala, klyfta och kärna ur två äpplen med frisk syra och skär dem i mindre bitar. Lägg äppelbitarna tillsammans med 2–3 msk strösocker, 2–3 msk rom eller punsch samt 1 msk smör i en kastrull och låt koka utan lock tills äpplena börjar mosa sig.

2. Mjukrör under tiden 2–3 dl svartvinbärssorbet, fyll i en spritspåse och lägg i kylen.

3. Sprödvärm vol-au-venterna några minuter i ugnen och lägg upp på varma assietter.

4. Fördela den varma kompotten i och toppa var och en med spritsad sorbet. Servera omgående.

1989
COTES DU RHONE
PRODUCT OF FRANCE
750 ml

Lammrack med svarta vinbär

Starta kvällen med en klassisk Margarita. Följ sedan upp med en huvudrätt där smakrikt lamm möter friskheten hos svarta vinbär.

Lammrack med fylld potatisrulle och svartvinbärssås

Lammsadel styckas på längden längs ryggraden, så att man får en enkel kotlettrad med långa ben. Den är enkel att skära med vass kniv. I stället för lammrack kan rätten lagas på lammytterfilé, men då blir stektiden bara 10–15 min.

Till 4 personer:
ca 800 g lammrack
eller 600 g lammytterfilé
1 msk olivolja
1 pressad vitlöksklyfta
1 tsk rosmarin
1/2 tsk salt
2 krm nymald svartpeppar

Svartvinbärssås:
1/2 dl strösocker
1 1/2 msk balsamvinäger
2 dl rödvin
2 dl repade svarta vinbär
1 dl vatten
1 msk koncentrerad kalvfond
1 tsk kinesisk soja
2 tsk maizena majsstärkelse
2 msk smör

Potatisrulle:
8 medelstora potatisar (600 g)
2 finhackade vitlöksklyftor
3/4 tsk salt
1 krm nymald svartpeppar
1 msk smör
1 msk olivolja

Fyllning:
2 urkärnade, grovhackade tomater
1 kruka rucola, grovhackad (ca 25 g)
10 strimlade basilikablad
1 dl grovriven västerbottensost
2 krm salt
1 krm nymald svartpeppar

Tillbehör:
400 g färsk vitkål
1–2 msk smör
1 msk farinsocker
2 krm salt
1 krm nymald peppar

Gör så här:

1. Skär bort det mesta av fett och hinnor på lammracken. Blanda oljan med kryddorna och gnid in på köttet. Bryn racken eller filén hastigt i stekpanna. Lägg köttet i en ugnssäker form. Sätt ugnen på 200°.

2. Svartvinbärssås: Smält sockret i en kastrull tills det börjar få färg. Tillsätt vinäger, vin, vinbär, vatten, fond och soja. Koka 10 min utan lock. Krossa bären mot kastrullkanten. Sila såsen, koka upp igen och vispa ner majsstärkelsen utrörd i lite vatten. Koka upp och ställ åt sidan.

3. Potatisrulle: Skala och grovriv potatisen. Rör ner vitlök, salt och peppar. Hetta upp smör och olja i en vid stekpanna, helst teflon. Häll ner potatisen, platta till ytan och stek på medelvärme ca 5 minuter på varje sida. Stjälp upp på bakplåtspapper.

4. Blanda samman ingredienserna till fyllningen och fördela den på mitten av potatiskakan. Vik ihop kakan, med hjälp av bakplåtspappret, som till en fylld omelett.

5. Sätt in racken i mitten av ugnen och stek till 60–65° för rosa kött, ca 20 minuter. Efter 10 minuter sätts potatisrullen in och får steka med ca 10 minuter.

6. Tillbehör: Skär vitkålen i små trekanter. Bryn hastigt i smör och socker, salta och peppra. Hetta upp såsen. Vispa ner smöret. Låt köttet vila några minuter innan det skärs upp. Servera med potatisrulle, svartvinbärssås och brynt vitkål.

Vintips

Mycket smakrik sås och lamm – här kommer en röd bordeaux att passa förträffligt. Välj något av minst Cru Bourgeois-kvalitet.

Margarita

Fukta kanten på ett glas med limesaft och doppa det i salt. Ställ glaset i frysen.

Häll krossad is, 3 msk tequila, 1 msk Cointreau och 2 msk färskpressad limesaft i en shaker och skaka.

Sila och servera i de frostade glasen, gärna med några strimlor av limeskal.

Vallmotrianglar

Bred smör på vitt formbröd och strö över blått vallmofrö. Lägg brödet direkt på en ugnsplåt och gratinera högst upp i ugnen ca 3 minuter i 250°. Skär skivorna i fyra delar och servera dem direkt.

Krämig getostlasagne till lamm eller rådjur

Inled middagen med ett lika annorlunda som välsmakande tilltugg. Bjud sedan på festlig lasagne där getost ger härlig smak och konsistens.

Getostlasagne med lammfilé och rödvinssky

Lasagnen smakar fantastiskt tillsammans med lamm- eller rådjursytterfilé. Men den fungerar också fint som ensamrätt med grönsaker som tillbehör.

Till 4 personer:

Getostlasagne:

3 dl mjölk
2 dl vispgrädde
3 msk idealmjöl
125 + 75 g getost, typ chèvre
1/2 tsk salt
1 liten gul lök
1 vitlöksklyfta
2 msk smör
150 g färsk spenat
75 g soltorkade tomater i olja
2 krm salt
1 krm nymald svartpeppar
250 g färska lasagneplattor

Rödvinssky:

1 liten gul lök, hackad
1 vitlöksklyfta, hackad
50 g strimlat rökt fläsk
4 dl rött vin
1 1/2 msk koncentrerad kalvfond
1 msk maizena majsstärkelse + 2 msk vatten
1–2 krm salt
1–2 krm strösocker
25 g smör

Tillbehör:

500 g stekt lamm- eller rådjursytterfilé
400 g förvällda haricots verts
75 g stekt rökt fläsk i tärningar
4 gratinerade tomathalvor

Gör så här:

1. Lasagne: Sätt ugnen på 225°. Koka upp vatten i en stor gryta eller traktörpanna.

2. Koka upp mjölk och grädde i en kastrull. Tillsätt idealmjöl under vispning. När såsen tjocknat tillsätts 125 g getost i bitar. Rör tills osten löst sig. Salta.

3. Hacka lök och vitlök och fräs den mjuk i smör i en stekpanna. Tillsätt spenaten och grovstrimlade tomatbitar. Fräs en kort stund tills spenaten mjuknat något. Salta och peppra. Ställ åt sidan.

4. Lägg ner lasagneplattorna i det kokande vattnet och sjud dem mjuka enligt förpackningen. Ta upp dem försiktigt och spola i kallt vatten.

5. Smörj en ugnssäker form, helst lika stor som lasagneplattorna, 18x27 cm. Bred ut lite sås i botten. Lägg en lasagneplatta över, häll på sås, lasagneplatta, fördela hälften av spenatblandningen över. Häll på några skedar sås, lasagneplatta, resten av spenaten, lite sås och slutligen en lasagneplatta och resten av såsen överst. Riv 75 g getost över. Gratinera mitt i ugnen ca 20 min.

6. Rödvinssky: Fräs lök, vitlök och fläsk i en kastrull. När löken mjuknat, tillsätt vin och fond. Koka ihop till hälften och sila över såsen i en ren kastrull.

7. Rör ut majsstärkelse i vatten och red såsen. Smaka av med salt och socker. Klicka i smöret strax före servering. Såsen får därefter inte koka.

8. Stek filéerna runt om i het panna. Sänk värmen och låt dem eftersteka ca 10 min till innertemperatur ca 63°. Ta upp och låt dem vila ca 10 min innan de skärs upp.

9. Servera det nystekta köttet med lasagne, rödvinssky och övriga tillbehör.

Vintips

Ett bra spanskt rödvin, kanske från Rioja, eller god, mjukt fatig merlot från Sydfrankrike eller Chile.

Annorlunda pepparkaksentré

En märklig kombination kan det tyckas, men sambandet mellan sött, salt och syrligt är här faktiskt i harmoni.

Ställ fram skålar med kallrökt fint tärnad lax, lätt creme fraiche, hjortronsylt och gärna fullkornspepparkakor.

Låt var och en göra sina egna små aptitretare. Porter och snaps smakar gott till.

Lamm med kantarellsås och grönsaksknyten

Lamm är underbar festmat. Läcker, lätt syrlig kantarellsås och bakade grönsaksknyten smakar härligt till.

Lammytterfilé med grönsaksknyten och kantarellsås

Finns det inte lammytter- och innerfilé i butiken, utan bara lammsadel, är det lätt att bena ur den själv. Följ bara ryggbenet med en vass kniv och skär ut filéerna. Putsa dem fria från senor och hinnor. Det behövs drygt 1 kilo lammsadel för att få ut 600 g rent kött.

Till 4 personer:
ca 600 g ytter- och innerfiléer av lamm
3/4 tsk salt
2 krm svartpeppar
1 msk smör

Grönsaksknyten:
500 g små färskpotatisar
4–8 små morötter
100 g sockerbönor eller -ärter
8 salladslökar
4 ark bakplåtspapper
finstrimlat skal av 1/2 apelsin
2 tsk färsk riven ingefära
2 krm salt
1 krm svartpeppar
4 msk smör

Kantarellsås:
100 g rimmat, tärnat sidfläsk
2 finhackade schalottenlökar
200 g färska kantareller eller 1 burk (190 g)
1 msk smör
1 msk farinsocker
2 msk balsamvinäger
1 hönsbuljongtärning
2 1/2 dl vatten
1 tsk maizena majsstärkelse
2 msk hackad persilja

Gör så här:

1. Sätt ugnen på 175°. Krydda och bryn köttet i smör runt om. Stick in en köttermometer och stek köttet i en ugnssäker form i mitten av ugnen till 60°. Täck med folie och låt köttet vila.

2. Grönsaksknyten: Höj ugnen till 250°. Borsta och koka potatisen precis klar i lättsaltat vatten. Koka morötterna ca 3 min, sockerbönorna 1 min, respektive 1/2 min för sockerärter. Salladslöken behöver inte förkokas.

3. Fördela grönsakerna på mitten av bakplåtspapperen. Strö över apelsinskal, ingefära, salt, peppar och lägg smöret överst. Knyt ihop till fyra paket och baka i nedre delen av ugnen ca 10 min.

4. Kantarellsås: Fräs sidfläsk, lök och kantareller på medelgod värme i smör, ca 5 min, tills all vätska kokat in. Tillsätt farinsocker, balsamvinäger, smulad buljongtärning och vatten och låt det koka 3–5 min. Red av med majsstärkelse utrörd i lite vatten. Koka upp under omrörning. Tillsätt hackad persilja.

5. Skär upp köttet, servera med såsen och de varma grönsaksknytena.

Vintips

Bjud knastertorr sauvignon blanc till förrätten, och ett mjukt, fylligt rödvin till lammet. Rioja, bra valpolicella eller pinot noir från USA eller Nya Zeeland.

Kräftsallad med smörstekta baguetteskivor

En variant av den klassiska Skagenröran med kräftstjärtar i stället för räkor. Kall öl och en snaps eller torrt vitt vin passar utmärkt till.

Låt en burk kräftstjärtar i saltlag (ca 170 g) rinna av väl. Grovhacka kräftstjärtarna och blanda dem med 4 msk creme fraiche, 1 msk majonnäs, 1 msk hackad dill, 1/3 krm cayennepeppar och eventuellt salt.

Servera med löj- eller laxrom, rödlöksringar, grönsallad och smörstekta skivor av baguette.

Lamm med spets av tryffel och senap

Lammkött med smakrikt sällskap av trattkantareller, senap och finaste tryffelolja. I stället för dessert – en söt godisdrink i två olika lager.

Lammytterfilé med senapssås och tryffelmos

Den här menyn går bra att förbereda. Bryn köttet, gör färdigt moset och koka såsen. Inför serveringen steks köttet i ugnen, moset värms och såsen hettas upp och körs i mixer med persiljan. Tryffeloljan som sätter smak på svampen hittar du i delikatessbutiker.

Till 4 personer:
600 g putsad lammytterfilé
1 msk smör
1 tsk rosmarin
1 lagerblad
1 tsk salt
1 krm svartpeppar
Fransk senapssås:
2 finhackade vitlöksklyftor
1 1/2 msk koncentrerad kalvfond
2 dl vatten
1 msk vetemjöl
1 msk dijonsenap
1/2 krm timjan
1 dl vispgrädde
1/2 dl grovhackad slätbladig persilja
Tryffelmos:
800 g potatis
1 dl varm vispgrädde
1 dl varm mjölk
2 msk smör
1 tsk salt
1/2 krm nymald svartpeppar
14 g torkade, blötlagda trattkantareller
1 msk smör
1 tsk vit tryffelolja
Tillbehör:
förvällda haricots verts
smörslungad, skivad vitlök

Gör så här:

1. Sätt ugnen på 125°. Hetta upp en stekpanna och bryn köttet runt om i smör. Stöt kryddorna i en mortel, krydda köttet och lägg det i en ugnssäker form. Stek i mitten av ugnen ca 20 min tills innertemperaturen är 64°. Låt köttet vila 10 min i folie.
2. Senapssås: Blanda alla ingredienser till såsen utom persilja i en kastrull. Koka upp under vispning och låt koka 10 min utan lock. Inför serveringen mixas såsen tillsammans med persiljan så att den blir skummig och grönprickig.
3. Tryffelmos: Skala och dela potatisen. Koka den mjuk i lättsaltat vatten. Ånga av och pressa eller mosa potatisen med elvisp. Rör ner grädde, mjölk och smör. Smaka av med salt och peppar.
4. Krama vätskan ur kantarellerna och grovhacka dem. Fräs dem någon minut i smör och tryffelolja. Strö svampen över moset.
5. Skär upp köttet och servera med senapssås, mos med tryffel och förvällda haricots verts, som stekts några minuter tillsammans med skivad vitlök i smör.

Vintips

Mjukt rött, med fyllighet och trevlig fatton. Välj en merlot från Chile eller något av alla prisvärda portugisiska rödviner.

Napoleon's Nightcap

I stället för dessert – en godisdrink med fyllig och söt smak i två olika lager.

Till 1 drink:
Lager 1:
iskuber
2 cl brandy eller konjak
1 cl mörk kakaolikör
1 cl bananlikör
Lager 2:
6 cl vispgrädde
1 cl grön mintlikör
Garnering:
kakaopulver
färsk mynta

Gör så här:

1. Lägg is, brandy, kakao- och bananlikör i en shaker och skaka om. Sila upp i ett cocktailglas.
2. Häll grädde och mintlikör i shakern, utan is, och skaka ca 15 sekunder till ett jämt krämigt lager. Häll grädden, över en upp och nervänd sked, försiktigt ner i glaset ovanpå det första lagret. Garnera med kakaopulver och färsk mynta.

Lammfilé med Ali Babas sås

Ali Babas sås är blixtsnabbt gjord och härlig till vilken köttbit som helst.

Lammfilé med pressad potatis och Ali Babas sås

Pressad potatis är gott till den mustiga såsen. Det är också praktiskt. Potatisen kan kokas en stund i förväg och stå pressad och klar i sin skål för att sedan enkelt mikrovärmas inför serveringen.

Till 4 personer:

500 g lamminnerfilé, lammytterfilé, entrecôte eller oxfilé
1/2 tsk grovmald svartpeppar
smör till stekning
1/2 tsk salt

Sås:

4 msk ljus dijonsenap
2 msk koncentrerad kalvfond
2 dl vatten + 2 dl vispgrädde
1 pressad vitlöksklyfta
1 tsk pressad citron
1 krm salt

Tillbehör:

kokt, pressad potatis
2 tärnade gula och gröna paprikor
lite färska el frysta, lättsockrade lingon

Gör så här:

1. Putsa lammfiléerna från hinnor och peppra dem.
2. Vispa ihop ingredienserna till såsen. Koka den livligt 5 minuter till simmig konsistens inför serveringen.
3. Skala och koka potatisen, pressa den. Värm den ev inför serveringen i mikron.
4. Skär paprikan i små tärningar.
5. Hetta upp stekpannan, fräs smör och bryn lammfiléerna snabbt runt om. Salta och ta genast upp dem, för de blir mycket fort genomstekta och man vill gärna ha köttet lite rosa. Ytterfiléer steks 5–7 min, beroende på tjocklek.

Lägg upp på tallrikar eller fat, häll lite sås över köttet, strö över paprika och lingon. Bjud mer sås och potatis separat.

Kokta kronärtskockor

De små, svenska kronärtskockorna som kallas kardborrar blir en lagom förrätt. Ät dem nykokta med rört smör eller mild örtdressing.

Gör så här:

1. Bryt eller skär av stjälken, klipp av bladtaggarna.
2. Lägg skockorna i rikligt med kokande, saltat vatten (1/2 msk/liter) med citronskivor i.
3. Koka 30–40 min tills ett blad lätt kan lossas. Ta upp och låt skockorna rinna av.

Vintips

Något rött och kryddigt från Rhône eller annan del av södra Frankrike. Till plommontarten är ett glas rött portvin gott.

Plommontarte

En kakaktig pajbotten fylls med färska plommon, gräddas och serveras med vispgrädde eller creme fraiche.

Till 4–6 personer:

125 g smör
4 dl vetemjöl
1/2 dl strösocker
1 ägg
1 msk kallt vatten
1 ägg till pensling

Fyllning:

ca 3/4 kilo plommon
2 msk strösocker

Gör så här:

1. Blanda degen hastigt i en matberedare. Kavla ut den och klä en pajform ca 24 cm i diameter. Låt degen hänga över kanten och rulla av den med kaveln. Pricka bottnen och ställ den kallt några timmar tillsammans med resterande deg. Degen blir hanterlig av att stå till sig. Sätt under tiden ugnen på knappt 200°.
2. Fyll pajen med urkärnade plommon som delats i fyra bitar.
3. Pensla degkanten med ägg eller äggvita och kläm fast en tvinnad degsnodd.
4. Sockra och grädda längst ner i ugnen ca 40 min.

Lammstek med mynta och grönsaksgalette

Nytt och traditionellt på samma gång – lamm och mynta får sällskap av läckra grönsaksgaletter med fetaost.

Lammstek med myntasmakande vinsås och grönsaksgalette

Lammstek finns ibland att köpa urbenad och marinerad. Den tar bara en timme att laga till i ugnen. Och vill du inte satsa på stek, bjud stekta lammskivor med samma goda tillbehör.

Till 4–6 personer:

1 urbenad marinerad lammstek, 1,3 kilo eller 1 egen urbenad lammstek ingniden med 2 tsk salt, 3 hackade vitlöksklyftor, 3 tsk rosmarin och 3 tsk timjan

Grönsaksgalette:

6 potatisar, gärna sparrispotatis (500 g)
1/2–1 zucchini (200 g)
1 kvist rosmarin el 1/2 tsk torkad
2 msk olivolja
1 vitlöksklyfta
75 g fetaost
1/2 krm svart- el vitpeppar
1/2 tsk salt
1/2 dl grädde eller mjölk

Myntasmakande vinsås:

3/4 dl koncentrerad kalvfond
2 dl torrt vitt vin
2 tsk vetemjöl
1/2 krm nymald vitpeppar
1–1 1/2 dl sky från steken
myntablad (ca 15 g)
50–75 g mjukt smör

Gör så här:

1. Sätt ugnen på 175°. Om steken inte är köpt färdigmarinerad, gnid in den med salt, vitlök och kryddor. Lägg steken i lätt oljad ugnspanna. Stek den ca 1 timme till 60–65° innertemp. Späd med lite vatten i pannan om skyn vill bränna vid.

2. Grönsaksgalette: Tvätta, torka och skiva potatis och zucchini till galetten. Hetta upp en stekpanna och halstra skivorna tillsammans med rosmarinkvisten över mycket hög värme i snålt med olja.

3. Lägg efter hand över det halstrade i en ugnsform och blanda med skivad vitlök, smulad feta, peppar, salt och lite grädde eller mjölk. Sätt in formen bredvid steken en dryg halvtimme.

4. Vinsås: Blanda fond, vin och mjöl med peppar. Koka under vispning några minuter. Tillsätt senare skyn från stekningen, men skumma först av fettet från ytan.

5. Ta ut steken, svep den i folie och låt vila 5–10 minuter. Skär upp och servera.

6. Häll inför serveringen över den heta såsen i matberedare, mixa ner myntablad och smör.

Vintips

Mjukt och bärigt men ändå friskt. Lättsamt rött vin från Italien, som valpolicella, eller Portugal.

Vinbärssorbet för vuxna

Härlig frisk och mycket lättgjord avslutning på en lite större middag.

Till 4 personer:

2 dl svart vinbärssylt
1/2 dl konjak
1 1/2 dl vatten
5 cm mogen banan
1 msk pressad citron

Gör så här:

Mixa allt och frys 20 minuter i glassmaskin. Servera sorbeten mjuk och nygjord ur glas.

Lamm med persiljetäcke och fårostsås

I den här menyn har matberedaren en central plats. I den ordnar du lekande lätt såväl huvudrättens vackert gröna sås som efterättens äppelsorbet.

Persillégrillad lammytterfilé med paprikaris och fårostsås

Lammytterfilé är utskurna ryggfiléer från sadel- och kotlettdelen på lammet. En bekväm styckningsdetalj som ofta säljs helt renputsad och klar att lägga direkt i pannan. Fårostsås med basilika smakar förträffligt till lammet.

Till 4 personer:

600 g putsad lammytterfilé (helt utan fett och hinnor)

Panering:

1 1/2 dl ströbröd
2 tsk salt
1 tsk grovmald svartpeppar
3–4 pressade vitlöksklyftor
1/2–1 dl finhackad persilja
1 stort uppvispat ägg
1 msk olivolja + 1–2 msk smör till stekning

Paprikaris:

2 dl långkornigt ris
1 1/2 dl hackad lök
1 tärning grönsaksbuljong + 4 1/2 dl vatten
1 stor röd paprika
100 g gröna oliver med paprikafyllning
1 msk smör

Fårostsås:

1 1/2 dl hackad schalottenlök eller gul lök
2 msk olivolja
1/2 tärning grönsaksbuljong + 2 dl vatten
200 g grekisk fårost
1 kruka färsk basilika

Tillbehör:

lättkokta broccolibuketter

Gör så här:

1. Paprikaris: Koka upp ris och lök i buljongen och sjud sakta under lock ca 20 minuter. Tärna paprikan och halvera oliverna. Låt dem koka med riset de sista 3 minuterna. Blanka av riset med en smörklick och det är klart för servering.

2. Fårostsås: Fräs schalottenlöken sakta ett par minuter i olivoljan utan att den får färg. Tillsätt buljongtärning + 2 dl vatten. Koka sakta 3–5 minuter. Lägg 150 g av fårosten (resterande 50 g tärnas och strös över såsen på tallriken vid serveringen) i en matberedare tillsammans med basilikabladen. Slå över den heta lökbuljongen och kör tills du får en helt slät och grön sås.

3. Panering: Sätt ugnen på 225°. Blanda ströbrödet med salt, peppar, pressad vitlök och persilja på en stor tallrik. Vispa upp ägget i en djup tallrik. Doppa filéerna först i äggvispet och vänd dem därefter i ströbrödsblandningen Klappa in paneringen lätt med handen runt om så att den blir heltäckande.

4. Hetta upp en stekpanna som tål ugnsvärme och låt ca 1 msk olivolja bli varm. Tillsätt 1–2 msk smör och låt det bli lätt brynt. Lägg i och bryn filéerna sakta på mellanstark värme till vacker färg runt om. Sätt pannan i mitten av ugnen för eftersteknng 6–8 minuter beroende på filéernas tjocklek. Låt köttet vila några minuter på skärbrädan innan det skärs upp i lätt snedskurna bitar. Servera med sås och ris. Garnera med lättkokta broccolibuketter och fårosttärningar.

Vintips

Mat med mycket smak kräver dito vin. Ta gärna något rött från Portugal med kraft och kryddighet.

Äppel- och limesorbet

Till 4 personer:

4–6 söta, aromrika äpplen
1/2 dl strösocker + 2/3 dl vatten
2–3 limefrukter
ev florsocker eller vit sirap

Gör så här:

1. Skala och kärna ur äpplena. Klyfta och skär dem i mindre bitar. Lägg dem på ett fat och frys in några timmar.

2. Koka upp socker och vatten. Strimla med ett zestjärn det yttersta gröna skalet på limefrukterna och koka det några minuter i sockerlagen. Låt svalna.

3. Skär bort allt skal på limefrukterna så att fruktköttet blir helt synligt. Skär ut fruktköttet mellan klyftväggarna.

4. Inför serveringen: Lägg de frysta äppelbitarna i matberedaren, tillsätt limeklyftor och sockerlagen som skalstrimlorna kokat i. Kör på högsta varv till slät och fin sorbetkonsistens. Söta eventuellt med ett par matskedar florsocker eller vit sirap. Skeda eller spritsa upp sorbeten i kylda glas eller små koppar och garnera med skalstrimlorna.

DUQUE DE VISEU
Dão

Provensalska kotletter med gyllene potatismos

Duka rustikt, tänd levande ljus och samlas kring en middag med varma färger och mustiga smaker. Inspirationen kommer från Provence.

Lammkotletter med saffransmos

Laga receptet med lamm-, fläsk- eller kalvkotletter, eller varför inte kycklingklubbor. Och vill du ha en middag, som är ännu mer lättgjord, kan du servera det saffransgula potatismoset till en på vanligt vis stekt eller grillad köttbit.

Till 4 personer:
6–8 dubbla lammkotletter
eller 12 enkla med långa ben
1 msk olivolja + 1 msk smör till stekning
3 dl vitt vin
1 dl vatten
1/2 hönsbuljongtärning
2 tsk kinesisk soja
1 dl kalamataoliver
Örtmassa:
5 stora vitlöksklyftor
1 1/2 tsk salt
1/2 tsk grovmald svartpeppar
1 msk hackad färsk rosmarin
eller 1 tsk torkad
1 msk färsk timjan eller 1 tsk torkad
3 msk olivolja
Rostade grönsaker:
250 g schalottenlök
500 g tomater
1 tsk socker
1 msk olja
Saffransgult potatismos:
ca 1 kilo mjölig potatis
250 g mild grevéost
1/2 krm saffran (0,25 g)
3/4 tsk salt
2 dl creme fraiche

Gör så här:
1. Sätt ugnen på 225° och putsa kotletterna.
2. Örtmassa: Krossa vitlöken, blanda den med salt, peppar, hackade örter och olja. Ta undan 1/2 msk till skyn, bred resten på kotletterna.
3. Skala och koka potatisen, finriv osten.
4. Rostade grönsaker: Sätt ugnen på 225°. Skär lök och tomater i klyftor på längden, blanda dem med socker och olja. Lägg dem i oljad långpanna; tomaterna med snittytan upp. Rosta grönsakerna i övre delen av ugnen 20 min. Sänk värmen till 175° och flytta pannan till nedre delen av ugnen 10–15 min. Häll av eventuell vätska och spara den till skyn.
5. Stek kotletterna i olja och smör medan grönsakerna rostas och potatisen kokar. Lägg efterhand över dem på ett ugnssäkert fat med lite kant.
6. Koka ur stekpannan med vin, vatten, buljongtärning, soja och den sparade örtmassan. Tillsätt också eventuellt sky från köttet och tomaterna. Blanda ner oliverna och häll skyn över kotletterna och sätt in fatet i ugnen 5–10 min.
7. Potatismos: Sila av potatisen. Rör ut saffran och salt i creme fraiche och låt smälta ner över potatisen. Mosa potatisen och rör ner osten. Rör minsta möjliga om du vill ha kort konsistens. Rör längre om du vill ha den seg.
Lägg upp potatismoset i förvärmd skål, grönsakerna på ett fat och bjud detta till kotletterna med sin goda sky.

Vintips

Rött vin med lite kryddighet och värme, sydfranskt, chianti eller kanske en shiraz från Australien.

Upside down petit four-tårta

Chokladhallonsås i botten, ljus kaksmet ovanpå. Gräddas tillsammans, vänds upp och ner så att den stadiga kakan får ett chokladhölje. Serveras varm i små bitar.

Till 12–16 bitar:
3/4 dl hallonsylt
1 dl vispgrädde
75–100 g mörk
choklad
hallon till garnering
Kakan:
100 g mjukt smör
1 dl strösocker
2 ägg
3 dl vetemjöl
1/2 tsk bakpulver
1/2 tsk finrivet
citronskal
1 dl het mjölk

Gör så här:
1. Sätt ugnen på 175° och smörj rikligt en kakform, ca 22 cm diameter (inte med löstagbar kant).
2. Passera sylten, koka upp den med grädden och lägg ner chokladen så att den får smälta i blandningen. Häll chokladsmeten i kakformen.
3. Vispa smör och socker pösigt och vispa ner ett ägg i taget.
4. Blanda mjöl, bakpulver och citronskal för sig och koka upp mjölken.
5. Vänd ner omväxlande mjölblandning och mjölk i smeten och lägg den över chokladsåsen i formen.
6. Grädda mitt i ugnen 30–35 min.
7. Låt kakan ånga av 5 min. Rucka formen så du märker att kakan glider. Lägg ett fat över och stjälp upp så att kakan hamnar på fatet med såsen över. Jämna till ytan och servera. Garnera gärna med hallon.

Älg med messmör och timjan

En viltfilé där några klickar messmör ger en pikant smakbrytning.

Timjanstekt älgfilé med messmörsås, potatiskuber, lingon och kantareller

Har du inte tillgång till älgfilé går det utmärkt att göra den här rätten av fina mittmedaljonger av oxfilé. Vill du prova ytterligare en köttvariant kan du ta bitar av stor färsk fläskfilé och krydda dem med både timjan, svartpeppar samt finhackade enbär för att få en vild kryddsättning.

Till 4 personer:
4 skivor (mittbit) älg- eller oxfilé (à 175 g)
ca 1 tsk finkrossad svart- eller vitpeppar
1 tsk timjan
1 tsk salt
1–2 msk smör till stekning
Potatiskuber:
8–10 potatisar
salt, peppar
2–3 msk olivolja
Messmörsås:
2 msk finhackad schalottenlök
1 msk smör
1/2 dl gin + 1 1/2 dl vatten
2 1/2 msk koncentrerad kalvfond
1/2–1 msk kinesisk soja
4–5 msk messmör
ev 1 krm salt
ev några lättfrysta råa lingon till garnering
Tillbehör:
smörfrästa bönor och kantareller med lök

Gör så här:
1. Potatis: Sätt ugnen på 250°. Tvätta och borsta potatisarna väl. Skär dem i stora kuber med skalet kvar. Lägg dem i en ugnssäker form, krydda lätt med salt och peppar samt ringla över olivolja. Baka potatisen i mitten av ugnen 25–35 minuter.
2. Smörfräs kantareller och bönor strax före servering tillsammans med finhackad lök ett par minuter utan att det får färg. Krydda med nymald peppar och lite salt.
3. Älgfilé: Krydda filéerna. Låt smöret bli ordentligt brynt i het panna och lägg i köttet. Stek på god värme 2–3 minuter på varje sida, beroende på hur rosastekt du vill ha köttet. Lägg köttet på heta tallrikar.
4. Messmörsås: Fräs löken lätt i samma panna där du stekt köttet. Koka ur pannan med gin, vatten, kalvfond och soja. Låt koka ihop ett par minuter. Ta pannan från värmen och vispa i messmöret klickvis, smaka av med salt och såsen är klar.
5. Fördela såsen över köttet och lägg upp potatis och kantarellfräs bredvid. Garnera ev med lingon och servera omgående.

Vintips

Ett rejält rödvin, bra rioja, kanske röd bourgogne eller något från Rhône.

Citronsorbet med gin och hallon

Efter en smakrik huvudrätt med mustig sås smakar det utmärkt med en lätt uppfriskande dessert – en citronsorbet passar perfekt. God sådan finns att köpa färdig.

Se till att sorbeten inte är för hård när den ska serveras. Garnera gärna med några lösfrysta hallon som fått halvtina. Ge slutligen det hela ett extra smaklyft genom att droppa gin eller vodka över varje portion.

Viltfilé med selleripuré och vinprovning

En måltid komponerad för dig som vill ordna middag med vinprovning. Bjud vitt till förrätten med lax och chilismör, rött till den mustiga kötträtten.

Viltfilé med rödvinssky och selleripuré

Välj den filé du får tag på och tycker är godast – kött från hjort, älg eller nöt passar alla mycket bra till den smakrika vinsåsen.

Till 4 personer:
700 g hjort- älg- eller oxfilé
2 krm krossad svartpeppar
1 msk olja + 1 msk smör
1/2 dl torkade, blötlagda trattkantareller
10 kluvna enbär
1 tsk salt
2 dl rödvin
4 msk koncentrerad viltfond
2 msk lingon
Selleripuré:
1 rotselleri (500 g)
4 potatisar
1 msk smör
ca 1 dl vispgrädde
1/2 tsk salt
Hasselbackspotatis:
12 jämnstora potatisar
2 msk smör
1/2 tsk salt
4 msk ströbröd + 2 msk riven parmesanost

Gör så här:
1. Hasselbackspotatis: Sätt ugnen på 225°. Skala potatisarna, skiva dem tunt ner till ungefär hälften från botten. Lägg dem gärna i en träsked, så skär man inte för långt. Pensla med smält smör och ugnsbaka totalt ca 40 min. Pensla med smör några gånger under tiden och strö över salt, ströbröd och ost när 15 min återstår.
2. Selleripuré: Skala, dela och mjukkoka potatis och selleri. Häll av vattnet och kör snabbt till mos i matberedare med smör, grädde och salt.
3. Kött: Skär köttet i portionsbitar, peppra och bryn över god värme i olja och smör. Lägg i blötlagd, urkramad svamp och kluvna enbär när köttet vänts. Salta köttet. Häll rödvin och fond i pannan och sjud tills köttet känns nätt genomstekt ca 5 minuter.
Lägg upp köttet på varma tallrikar. Lägg lite lösfrysta lingon i skyn och ös den över köttet. Servera sellerimos och hasselbackspotatis till.

Vintips

Prova två viner till varje rätt; till laxen en torr riesling från Alsace och en halvtorr från Tyskland. Till köttet ett kraftigt rött Rhônevin och en italiensk Amarone.

Gravlax med chilismör

Det är bekvämt med en förrätt som kan stå färdig på det dukade bordet. Inför serveringen, när man satt sig, skedas kokande smör med finhackad chili över lövtunna gravlaxskivor.

Till 4 personer:
1 rödlök
1 knippe rucolasallad
150–200 g gravlax i tunna skivor
4 skivor vitt bröd
1/2 tsk paprikapulver
75 g smör
1/2–1 msk finhackad spansk pepparfrukt

Gör så här:
1. Skär löken i ringar. Täck 4 tallrikar med rucolasallad och rödlöksringar. Lägg tunna laxskivor ovanpå.
2. Rosta brödskivorna och skär dem till snibbar. Lägg dem vid sidan av laxen och pudra över paprikapulver.
3. Koka inför serveringen upp smöret med mycket fint hackad pepparfrukt och ös ett par skedar över varje portion.

Trattkantareller och ädelost till älgbiffen

En middag med smaker från skogen – grillad älgfilé får ytterligare skjuts av bland annat trattkantareller och portvin.

Älgbiff med portvinssås och ädelostkryddad klyftpotatis

Att grilla viltkött går alldeles utmärkt. Det är förvisso ett magert kött, men i gengäld ganska mört. Samma rätt kan med fördel lagas av nötkött eller rådjursytterfilé eller motsvarande bit av lamm.

Till 4 personer:
4 skivor biff av älg- eller nötkött (à 175 g)
1 tsk salt
2 krm grovmald svartpeppar
3 bakpotatisar
2 1/2 röda lökar
1 + 1 msk olja
1 tsk salt
150 g krämig ädelost
Sås:
1/2 röd lök
1 msk smör
1/2 tsk grovmald svartpeppar
2 dl vatten
1 msk koncentrerad kantarell- och viltfond
1 dl rött portvin
1 tsk vinäger
1 msk maizena majsstärkelse + vatten
50 g smör
Tillbehör:
smörfrästa trattkantareller
haricots verts och vaxbönor

Gör så här:

1. Sätt ugnen på 225°. Tvätta potatisen, skala lökarna och klyfta potatis och lök. Ringla 1 msk olja i en långpanna och vänd potatis- och lökklyftorna däri. Stek dem i mitten av ugnen ca 45 min. Vänd potatisarna ett par gånger under stektiden. Salta med ca 1 tsk salt.
2. Sås: Finhacka löken. Hetta upp smöret i en liten kastrull och fräs löken en kort stund. Tillsätt peppar, vatten, fond, portvin och vinäger. Låt såsen koka samman till drygt 2 dl.
3. Sila såsen och häll tillbaka den i kastrullen. Blanda majsstärkelse med lite vatten och häll ner i såsen. Låt den få ett uppkok. Inför serveringen vispas smöret i den heta såsen och får därefter inte koka mer.
4. Bind ett steksnöre runt varje biff så att den blir rund i formen. Hetta upp en grillpanna. Stryk tunt med olja på varje biff. Salta och peppra och grilla dem ett par minuter på var sida. Låt dem eftersteka i ugnen med potatisen 3–5 min.
5. Ta ut den heta långpannan och smula ädelosten över potatis och lök.

Lägg upp kött, potatis, lök, förvällda bönor, frästa trattkantareller och sås på 4 tallrikar. Servera genast.

Vintips

Kraftigt rött från Nya Världen, som en bra pinotage från Sydafrika eller en fyllig amerikansk zinfandel.

Sallad med varm valnötsdressing

När oljan hettas upp med rosmarin och valnötter får den en rik smak av dessa. Den mycket heta vinägretten hälls över salladen just innan den serveras för att det gröna inte ska slakna.

Till 4 personer:
2 krukor rucolasallad
1 dl svarta oliver (ca 75 g)
Dressing:
3 msk olivolja
12 valnötter
6 rosetter färsk rosmarin el 1 tsk torkad
1 msk äppelcidervinäger, gärna balsam-
1 krm salt
1 krm nymald peppar

Gör så här:

1. Fördela sallad och oliver på 4 tallrikar.
2. Hetta upp olivoljan med valnötter och rosmarin. Låt dem fräsa i ca 2 min. Tillsätt vinäger, salt och peppar. Häll den heta dressingen över salladen. Servera genast.

Strutsfilé med rödvinssmör

Överraska gästerna med mör strutsfilé. Ett kött lika mörkt, mustigt och mört som oxfilé. Efteråt en dessert med vuxen smak.

Strutsfilé med råstekt timjanpotatis och rödvinssmör

Strutsen är en slätbröstad fågel. Den saknar bröstbenskam vilket resulterar i att bröstköttet som vanliga fåglar har nästan helt saknas hos strutsen. Dock har den två ryggfiléer, som kallas för trekantsfilé. Det är i första hand lårköttet man använder i form av både stekar och minutbitar.

Till 4 personer:
600 g strutsfilé
ca 1 tsk salt
2 krm nymald svartpeppar
1–2 msk smör till stekning
Rödvinssmör:
1/2 dl finhackad schalottenlök
1 dl rött vin
100 g mjukt smör
1 krm salt
1 krm nymald svartpeppar
Tillbehör:
råstekt timjanpotatis (ca 12 potatisar, ca 1 tsk torkad timjan, ev 2–3 vitlöksklyftor)
12–20 små smörkokta schalottenlökar
lätt smörkokta körsbärstomater

Gör så här:
1. Rödvinssmör: Koka upp och koka ihop hackad lök och vin tills allt vin kokat in i löken. Låt lökkoket svalna och blanda det väl med smör, salt och peppar. Forma till en rulle. Linda in i plastfolie och lägg svalt.
2. Tillbehör: Skala, skiva och skölj potatisen och låt rinna av väl. Råstek den i rikligt med smör och krydda med salt, peppar och ca 1 tsk timjan. Låt eventuellt 2–3 tunt skivade vitlöksklyftor steka med potatisen mot slutet.
3. Skala och dela eventuellt schalottenlöken i halvor. Koka den lätt under lock i snålt med vatten med 2–3 msk smör tills löken blir lagom mjuk. Låt körsbärstomaterna koka med någon minut mot slutet.
4. Hetta upp en stekpanna, krydda strutsfiléerna med salt och peppar. Stek köttet i brynt smör på ganska god värme 2–3 minuter på varje sida, beroende på filéernas tjocklek. Strutsfilén ska stekas så att den fortfarande är lite lätt "gungig" när du känner på den med ett finger. Den får absolut inte ha någon rå kärna i mitten, men heller inte bli för välstekt, då den lätt blir torr i konsistensen. Bästa resultatet är när köttet får en lätt rosa ton i mitten.
5. Lägg upp strutsfilén på heta tallrikar på bädd av den råstekta potatisen. Toppa filén med rödvinssmör. Garnera med schalottenlök och körsbärstomater.

Vintips

Ett mjukt fylligt rödvin, gärna från Spanien. Eller kanske en pinot noir från Nya Zeeland eller USA.

Varma gorgonzolapäron

Till 4 personer:
2 mogna päron
4 skivor gorgonzola (1 cm tjocka)
några hasselnötter

Gör så här:
1. Sätt ugnen på 225–250°. Dela päronen och ta bort kärnhusen. Skär bort lite av rundningen på varje päronhalva så att de kan stå stadigt i en lätt smord ugnsform.
2. Täck varje halva med en centimetertjock skiva gorgonzola.
3. Grovhacka några hasselnötskärnor och strö över osten. Gratinera i 8–10 minuter.

1992
RAIMAT

Rostbiff med mandelmos och portvinssås

Lite köpt och lite lagat: färdigskivad rostbiff från delikatessdisken förvandlas till en härlig varmrätt med hjälp av lättgjord portvinssås.

Rostbiff med portvinssås, mandelpotatismos och bräserad fänkål

Portvinssåsen kokar du enkelt själv. Till detta mos av mandelpotatis som får extra smak av rostade mandelspån.

Till 4 personer:

2–3 skivor stekt rostbiff per person, 100–130 g/person
1 dl marinerad vitlök
8 torkade tomater i olja

Portvinssås:

1/2 krm svartpeppar från kvarn
1 msk smör
1 1/2 dl rött portvin
1/2 dl koncentrerad kalvfond
1 tsk balsamvinäger
75 g mjukt smör

Tillbehör:

mandelpotatismos och bräserad fänkål

Gör så här:

1. Förbered mandelpotatismos och fänkål (se respektive recept).
2. Lägg upp rostbiffsskivorna på uppläggningsfat med vitlöksklyftor och torkade tomater.
3. Portvinssås: Fräs nymald peppar med en smörklick i en kastrull. Tillsätt portvin, kalvfond och balsamvinäger. Låt koka upp.
4. Vispa inför serveringen ner det mjuka smöret klickvis i den sjudande såsen. Servera rostbiff och sås med mos och fänkål.

Mandelpotatismos

Till 4 personer:

800 g mandelpotatis
50 g mandelspån
1 1/2–2 dl mjölk
1 tsk salt
2 msk smör

Gör så här:

1. Skala potatisen och koka den mjuk under lock i knappt täckande vatten. Rosta mandelspånen försiktigt i en stekpanna.
2. Häll av vattnet, tillsätt mjölk och krossa potatisen.
3. Salta och vispa ner en smörklick. Lägg upp och strö över rostad mandel.

Bräserad fänkål

Till 4 personer:

2 stora eller 4 mindre fänkål
1 msk smör
1/2 dl vatten
1/4 tsk salt

Gör så här:

1. Klyv fänkålen i fyra delar.
2. Fräs en smörklick i en vid gryta.
3. Lägg i fänkålen, häll över vatten, täck med lock och bräsera fänkålen mjuk ca 15 minuter. Salta och servera.

Vintips

Ett fruktigt rött vin som cabernet sauvignon från Chile, USA eller Australien passar bra.

Saffransglass med fikon i glögg

Saffransglass, helt eller delvis frusen, serveras med heta fikon i glögg.

Till 4 personer:

Saffransglass:

2 äggulor
2 msk honung
1/2 krm saffran (0,25 g)
2 dl vispgrädde

Fikon:

1 dl hasselnötter
1 bit hel kanel
10 fikon
2 dl glögg

Gör så här:

1. Glass: Vispa äggulor och honung med saffran till en pösig smet.
2. Vispa grädden. Blanda med äggsmeten.
3. Bred ut smeten i en plastklädd kakform och frys drygt en timme.
4. Fikon: Lägg hasselnötter, kanel och fikon i en liten kastrull. Häll på glögg så att det nästan täcker. Koka upp och sätt in kastrullen i 100° ugn 1 timme.

Biffig burgare med två såser

Ett nytt grepp på den traditionella hamburgaren, här serverad med grönsakssås och parmesanostkräm.

Biffburgare med två såser

Hälften av de ugnsbakade grönsakerna mixas till en krämig sås. Den kan förberedas liksom parmesankrämen. Köttet och brödet grillas strax före serveringen; under tiden värms resten av grönsakerna.

Till 4 personer:
4 skivor utskuren biff (à 150 g)
1 msk olivolja
1 tsk salt
2–4 krm nymald svartpeppar
Grönsaker:
2 färska vitlökar
4 schalottenlökar
1 aubergine (250 g)
3 tomater, gärna plommontomater (ca 300 g)
1 röd spansk pepparfrukt
1 tsk salt
2 krm nymald svartpeppar
1/2 dl vatten
1 msk pressad lime
Parmesanostkräm:
2 dl vispgrädde
1 dl färsk riven parmesanost
1 tsk rivet limeskal
2 krm salt
1 krm nymald svartpeppar
Tillbehör:
2 ciabattabröd
1–2 krukor rucolasallad
1 dl marinerade blandade oliver
1 dl cocktailkapris

Gör så här:
1. Sätt ugnen på 250°. Skala försiktigt vitlökarna lager för lager och plocka ut vitlöksklyftorna. Låt det mjuka skalet runt dem sitta kvar, den långa tråden blir dekorativ på tallriken.
2. Skala och klyfta schalottenlöken. Skölj och tärna aubergine och tomat. Dela och kärna ur pepparfrukten, skär den i bitar.
3. Baka grönsakerna i mitten av ugnen ca 20 min. Rör om några gånger under tiden.
4. Salta och peppra över grönsakerna. Lägg drygt hälften i en matberedare eller mixer. Tillsätt vatten och pressad lime (Obs! riv skalet först) och mixa till en ganska slät kräm. Häll upp i kastrull.
5. Parmesankräm: Koka upp grädden i en liten kastrull och koka tills 1 1/2 dl återstår. Tillsätt riven parmesanost och rivet limeskal. Salta och peppra. **Hit kan förberedas!**
6. Starta grillen. Dela bröden först på längden och sedan mitt itu. Grilla dem på båda sidor till vackert mönster.
7. Pensla köttet med olja, salta och peppra. Grilla 3–5 min på varje sida. Värm såserna och grönsakerna en kort stund.
8. Lägg upp brödbottnarna på 4 tallrikar. Fördela rucola över, därefter grönsakssås, köttbit, parmesankräm och brödlock. Fördela resten av grönsakerna runtom liksom oliver och kapris.

Vintips

Ett fylligt och smakrikt rödvin, som en barbera från Italien, passar utmärkt till.

Friterade bläckfiskringar med tamarindsås

Servera bläckfiskringarna ur strut så är de lättare att hålla. Tamarindsåsen säljs under märket Signum på Konsum.

Till 4 personer:
300 g bläckfisktuber (ca 2 st)
1 dl polentagryn
1/2 tsk salt
1 krm vitpeppar
5 dl majs- eller rapsolja
Dipsås:
1/2 dl tamarindsås
2 msk vatten
2 tsk kinesisk soja
1 tsk pressad citron
1/2 tsk rivet citronskal

Gör så här:
1. Blanda samtliga ingredienser till dipsåsen.
2. Skölj bläckfisktuberna och ta bort plastliknande ben. Torka av och skär dem tvärs över till 1/2 cm breda ringar.
3. Blanda polentagryn, salt och peppar i en stor plastpåse. Lägg ner bläckfiskringarna och skaka kraftigt.
4. Hetta upp olja i en vid kastrull och värm till 180° (använd termometer).
5. Fritera ringarna, några åt gången, och låt dem rinna av på hushållspapper Servera genast med dipsås.

Oxfilé med pasta och färggrant grönt

En komposition som faller hela familjen i smaken – en mör köttbit, härliga grönsaker och ångande, nykokt pasta.

Oxfilé, aubergine och tomat med pasta och persiljesmörsås

Den vackra lilabruna auberginen är en mycket användbar grönsak. Den blir härlig när den fått steka länge och kan då lätt ersätta köttet om man så vill. Tacksamt för värden med vegetarianer i middagssällskapet.

Till 4 personer:
4 bitar oxfilé (à 125–150 g)
1 krm svartpeppar
1 aubergine + 1 msk salt
olja till stekning
2 tomater
1/2 tsk salt
1 msk smör
Persiljegrön smörsås:
3 dl vatten + 1 grönsaksbuljongtärning
1 knippa bladpersilja
75 g mjukt smör
Tillbehör:
pasta eller kokt potatis

Gör så här:

1. Peppra oxfilébitarna.
2. Skär auberginen i 2 cm tjocka skivor, salta dem på båda sidor och låt dem ligga och vätska sig ca 15 minuter.
3. Skölj av och torka auberginenskivorna och stek dem i olja i het panna. Vänd dem när första sidan fått färg och stek på andra sidan på lägre värme tills skivorna är mycket mjuka, ca 20 minuter.
4. Koka pasta eller potatis.
5. Sås: Koka upp vatten och buljongtärning. Hacka persiljebladen och tillsätt dem. Mixa buljongen länge tills den är riktigt grön. Hetta upp såsen och vispa ner det mjuka smöret klickvis inför serveringen.
6. Smörstek oxfilén över god värme sammanlagt 5–7 minuter och salta. Lägg upp köttet på varmt fat med folie över, öka värmen och stek därefter tomathalvorna på båda sidor tills de är riktigt mjuka.
Lägg upp kött och grönsaker på en spegel av sås och servera pasta eller potatis till.

Vintips

Fruktigt och fatigt rött vin, som en barbera från Italien eller chilensk merlot ger rätten extra lyft.

Smördegsboll med philadelphiaost

En liten ostfylld smördegsboll med varm honung bjuds som middagsavslutning.

Till 4 bollar:
2 smördegsplattor
60–100 g philadelphiaost el camembert
rivet skal från 1/2 apelsin
1 äggvita
1/2 msk olja
Tillbehör:
varm honung

Gör så här:

1. Sätt ugnen på 225°. Kavla ut smördegsplattorna till dubbel längd och dela var och en i två delar.
2. Lägg en bit ost och rivet apelsinskal på ena halvan av varje smördegsbit.
3. Pensla runt osten med äggvita och vik degen dubbel. Tryck till mycket väl runt kanten och stansa sedan ut rundlar med en tekopp.
4. Pensla med olja och grädda på plåt med bakplåtspapper mitt i ugnen 10–15 minuter. Servera bollarna med varm honung hälld över.

Oxfilé med smakfulla tillbehör

Låt tillbehören spela huvudrollen! Den möra oxfilén får i den här tappningen modernt sällskap av balsamicosås och getost.

Oxfilé med balsamicosås och gratinerat basilikamos

Potatismoset görs i cocotteformar, som rymmer ca 1 1/2 dl, klädda med vårrulledeg. Såväl potatis som sås kan förberedas i god tid för den som önskar. Kom ihåg att välja en lagrad balsamvinäger till såsen, den har mjukare och godare smak.

Till 6 personer:
ca 900 g mittbit av oxfilé
1 tsk salt
2 krm nymald peppar
2 msk smör till stekning
Getostgratinerat basilikamos:
6 ark vårrulledeg (21x21 cm)
3/4 kilo mjölig potatis
2 msk smör
3 äggulor
1 tsk salt
2 krm nymald peppar
20 finhackade basilikablad
1/2 pressad vitlöksklyfta
smör till pensling
6 tunna skivor getost (ca 200 g)
Balsamicosås:
1 1/2 msk strösocker
3 msk lagrad balsamvinäger
1/2 flaska rött vin (ca 4 dl)
3 msk koncentrerad kalvfond
1 msk maizena majsstärkelse
2 msk kallt smör
ev salt
Tillbehör:
lättkokta sockerärter och rädisor

Gör så här:

1. Ostgratinerat mos: Låt vårrulledegen tina i sin förpackning. Koka potatisen.

2. Sätt ugnen på 225°.

3. Häll av vattnet och pressa eller stöt sönder potatisen med stöt eller elvisp. Tillsätt smör och äggulor. Smaka av med salt, peppar, basilika och pressad vitlök.

4. Smält ett par matskedar smör och pensla degarken. Lägg dem i cocotteformar med den penslade sidan neråt. Nyp till i kanterna. Fyll formarna med moset och lägg på getosten. Ställ formarna på plåt och gratinera i nedre delen av ugnen 12–15 min. Något längre tid om moset är kallt.

5. Kött: Putsa och dela oxfilén i 3 bitar. Ställ dem på snittytan, banka ut dem med köttbankare eller botten på en kastrull tills de är ca 3 cm tjocka.

6. Bryn dem i smöret och låt dem eftersteka på svag värme 10–15 minuter. Vänd bitarna ett par gånger under tiden.

7. Sås: Smält sockret i en liten kastrull och låt det bli ljusbrunt. Passa noga, det bränns fort. Dra kastrullen åt sidan och häll på vinägern, men se upp för det kan skvätta. Tillsätt även rödvin och kalvfond. Koka ihop 10–15 minuter utan lock. Rör ut majsstärkelsen med någon msk vatten och häll i den kokande såsen. Koka upp. Inför serveringen värms såsen och smöret vispas i klickvis. Smaka eventuellt av med salt.

Vintips

Här kan många rödviner passa. Bordeaux, något från Portugal, spanskt av minst reservakvalitet till exempel.

Vaniljglass med Baileys och kaffeshot

God, mycket lätt att åstadkomma och samtidigt lite överraskande – så vill vi väl ha desserten, och här är den!

Skeda upp kulor av god vaniljglass i glas eller koppar. Servera varmt, starkt kaffe och Bailey's likör vid sidan om.

Sedan får var och en hälla på det varma kaffet och likören.

Tournedos med senapsmos och korinter

Inled med en klick lyxig löjrom. Följ sedan upp med en huvudrätt där den klassiska oxfilén får sofistikerad smakspets av syrlig senap och söta korinter.

Ugnsstekt tournedos, senapsmos, korintsås och grönsaksragu

Köttet ska stekas vid låg temperatur. Det härliga potatismoset smaksätts med grovmald senap.

Till 4 personer:
4 tournedos (à 175 g)
1 tsk salt
2 krm nymald peppar
2 msk smör till stekning

Senapsmos:
6 potatisar
ca 1 1/2 dl vispgrädde
3–4 msk smör
2–3 msk grovkornig senap (t ex Mailles à l'Ancienne)
1/2–1 tsk salt

Korintsås:
1+2 msk smör
1 1/2 msk vetemjöl
1 1/2 dl rött portvin
1/2 grönsaksbuljongtärning + 2 dl vatten
2 msk koncentrerad kalvfond
1/2 msk kinesisk soja
3/4 dl korinter

Grönsaksragu:
1 gul paprika
4–6 schalottenlökar
200 g färska sockerbönor eller sockerärter
1–2 msk smör + en aning salt

Tillbehör:
ev 4 krustader till potatismoset

Gör så här:

1. Sätt ugnen på 125°.

2. Senapsmos: Skala och koka potatisen mjuk i lättsaltat vatten. Slå av kokvattnet och mosa potatisen. Vispa hastigt i grädden och smöret samt smaka av med senap och salt.

3. Korintsås: Fräs 1 msk smör med 1 1/2 msk mjöl lätt någon minut utan att det får färg. Tillsätt vin, buljongtärning, vatten, kalvfond och soja i omgångar under vispning och uppkok. Lägg i korinterna och låt såsen koka 5–8 minuter. Smaka av med några korn salt och en aning nymald peppar samt vispa i och blanka av med ett par msk smör.

4. Hetta upp smör i en stekpanna som tål måttlig ugnsvärme. Krydda under tiden köttet med salt och peppar. Bryn det hastigt runt om tills det får vacker färg, ställ därefter pannan i ugnen och efterstek köttet 12–15 minuter.

5. Grönsakragu: Skär paprikan i bitar, schalottenlöken i tunna klyftor eller skivor samt dela eventuellt sockerbönorna. Fräs allt sakta i lite smör så att grönsakerna blir ordentligt varma utan att få någon färg. Smaka av med en aning salt.

6. Fördela grönsaksragun på fyra varma tallrikar. Dela varje tournedos på mitten och lägg ovanpå ragun. Ringla lite av såsen på och omkring köttet samt fyll senapsmos i krustaderna och servera omgående.

Vintips

Fylligt rött måste det vara, kanske något från franska Rhône. Men en amarone, ett italienskt kraftpaket, matchar både kött, senap och korinter allra bäst.

Löjromsägg med stekt potatis

Löjrom med klassiska tillbehör är alltid en trevlig förrätt. Här serveras rommen på en nystekt varm potatisskiva, först förvälld och sedan stekt i smör.

Gör så här:

Tvätta och borsta en stor bakpotatis väl. Skär den i 4 ca 2 cm tjocka skivor. Koka potatisskivorna 7–8 minuter i lättsaltat vatten. Slå av kokvattnet och torka potatisskivorna på en handduk.

Stek dem sedan sakta i smör 3–4 minuter på varje sida tills de är mjuka och får vacker gyllenbrun färg. Krydda lätt med salt och nymald svartpeppar.

Skeda upp löjrommen i form av ett ägg på assietter. Detta kräver en fast rom av hög kvalitet. Är rommen för lös, låt den stå och rinna av i en finmaskig sil.

Servera tillsammans med creme fraiche eller gräddfil, och finhackad rödlök eller schalottenlök. Se till att det finns salt och pepparkvarn på bordet. Beräkna 40–50 g löjrom per person.

1996

Köttfondue med spännande såser

Dags att leta fram fonduegrytan! Här kommer den gamla favoriträtten i ny tappning med såser från olika världsdelar.

Köttfondue med tre såser och bakad potatis

Det är roligt med fondue. Den heta grytan står mitt på bordet och alla deltar i matlagningen. Väljer man fondue med olja eller buljong och får köttet stekt eller kokt är en smaksak – eller kanske en smalsak?

Till 4 personer:
600 g oxfilé och/eller lammfilé eller vilt
Oljefondue:
7–10 dl majsolja
Buljongfondue:
1 liter vatten + 3 hönsbuljongtärningar + 3 msk soja + 1 kvist persilja + 1 dl sherry

Gör så här:
1. Skär köttet i munsbitsstora bitar och trä upp på grillpinnar.
2. Förvärm oljan riktigt het i en fonduegryta på spisen. Till buljongfonduen ges allt ett uppkok.
3. Flytta över grytan till värme på bordet, rödspritslåga eller halogenplatta, där köttet kokas snabbt om det är bra värme.

Currybearnaise

Till 4 personer:
150 g smält smör
1 msk hackad schalottenlök
6 krossade vitpepparkorn
1/2 tsk torkad dragon
2 msk vinäger + 2 msk vatten
2 äggulor + 2 msk vatten
1/2 tsk curry
1 msk finhackad persilja
1/2 tsk salt

Gör så här:
1. Smält smör och dra åt sidan.
2. Lägg lök, peppar, dragon, vinäger och vatten i en kastrull och koka in vätskan.
3. Tillsätt 2 msk vatten, sätt kastrullen i knappt sjudande vattenbad. Tillsätt gulorna under vispning tills smeten tjocknar.
4. Lyft kastrullen ur vattenbadet och vispa ner smöret i små portioner. Ta inte med bottensatsen och se till att såsen vispas homogen mellan omgångarna.
5. Smaksätt med curry, persilja och salt. Värm inte såsen mera, håll den ljum under lock. (Skulle såsen skära sig, vispa ner några droppar kallt vatten.)

Kinesisk blank sås

Till 4 personer:
1 dl vatten + 1 smulad hönsbuljongtärning
1 msk kinesisk soja
1 msk brunt farinsocker
1/4 krm chilipeppar
1/2 dl sherry
1 msk maizena majsstärkelse + 1 msk vatten

Gör så här:
Blanda allt och koka upp under omrörning.

Tomatsmörsås

Till 4 personer:
1 dl tomatpuré + 2 msk vatten
1 pressad vitlöksklyfta
1 tsk konjak
1 krm svartpeppar
100 g mjukt smör i tärningar

Gör så här:
Blanda och koka upp tomatpuré, vatten, vitlök, konjak och peppar. Vispa i smöret.

Bakad potatis

Tvätta och baka vanlig stor potatis 40–55 min på galler i 225–250° ugn.

Fredagssallad

Till 4 personer:
1 stånd romansallad
2 avokadofrukter
3 tomater
1/2–1 liten rödlök
1 tsk vinäger + 1/2 dl olivolja + 2 krm salt

Gör så här:
Skölj och torka salladen. Strimla nedre hälften. Tärna avokadoköttet och tomaterna. Lägg upp och garnera med tunnskivad lök. Häll dressingen över.

Vintips

Rödvin med rik frukt, som cabernet från USA, Chile eller Australien.

Sorbet på fyra frukter

Till 4–8 personer:
2 pressade apelsiner
1 liten mogen banan
1 dl ananaskross
1/2 dl pressad citron
3/4 dl strösocker

Gör så här:
Pressa apelsinerna och lägg skalhalvorna i frysen. Mixa allt och frys i glassmaskin 15–20 min. Servera ur skalen och garnera eventuellt med citronmeliss.

Biff med sparrissallad och chilirostad potatis

Till grillsäsongen passar en lättsam rätt med biff och het, ugnsrostad potatis. Grillpannan ger en härlig smak åt både kött och sparris.

Biff med sallad och röd het potatis

Det är viktigt att låta biffarna vila en stund efter tillagningen för att de ska bli saftiga och fina. Köttet kan läggas tillbaka och värmas på grillen någon minut före serveringen.

Till 4 personer:
4 skivor biff (ca 1 1/2 cm tjocka, à 150 g)
1 kvist rosmarin eller 1 tsk torkad
1 msk slätbladig persilja, grovhackad
2 msk olivolja
2 krm svartpeppar, grovmald
1 1/2 tsk salt
1 kilo potatis, små
1/2 msk olivolja
1/2–1 tsk röd chili, torkad, grovmald
1 tsk gourmetsalt
Dressing:
1 msk pressad citron
1 tsk balsamvinäger, gärna lagrad
2 krm salt
1/2 krm svartpeppar
4 msk olivolja
1 schalottenlök, finhackad
Sallad:
200 g färsk sparris
1 liter blandad sallad, t ex rucola-, frisée-, rosé- eller ekbladssallad
200 g körsbärstomater

Gör så här:

1. Grovhacka rosmarin och persilja. Häll olivoljan över köttet. Strö örterna över köttet och vänd ett par gånger så att örterna fördelas jämnt. Låt stå minst 20 min.
2. Sätt ugnen på 225°. Tvätta potatisen och halvera den. Lägg den i en oljad långpanna. Rör om och strö över röd chili och gourmetsalt. Ugnsbaka potatisen i mitten av ugnen 20–25 minuter.
3. Förväll sparrisen till salladen ca 2 minut i lättsaltat, kokande vatten. Är sparrisen av den riktigt tunna sorten räcker det med halva tiden. Skölj den hastigt i kallt vatten. Grilla sparrisen 2–3 minuter i het grillpanna. Täck med folie. Ställ åt sidan.
4. **Dressing:** Blanda citronsaft, vinäger, salt och peppar, häll i oljan under vispning. Tillsätt finhackad schalottenlök.
5. Hetta upp grill eller grillpanna. Salta, peppra och grilla köttet ca 2 minuter per sida. Täck med folie och låt vila 10 minuter. Fördela sallad, tomater och sparris på fat eller tallrikar. Vispa ner köttsaften från biffarna i dressingen. Skär upp köttet och lägg det över salladen. Droppa dressing över. Servera med het potatis.

Vintips

Ett kryddigt och smakrikt vin från Sydfrankrike blir utmärkt sällskap till stadigt kött och het potatis.

Blondiekaka med sorbet och whiskykolasås

Det här är en enkel och härligt segsöt kaka med pinjenötter eller cashewnötter. Tillagad i en liten långpanna blir det ca 15 bitar. Desserten tar bara någon minut att göra klar om man har kakan och såsen färdiga. Vaniljglass eller en frisk sorbet smakar gott till.

Till 4-6 personer:
Blondie:
2 ägg
2 dl strösocker
75 g smör
1 1/2 dl vetemjöl
1 tsk bakpulver
1/2 dl pinje- eller cashewnötter
Whiskykolasås:
1 1/2 dl strösocker
1 1/2 dl vispgrädde
1/2 dl ljus sirap
1 1/2 msk whisky
Tillbehör:
1/2 liter vaniljglass eller citronsorbet

Gör så här:

1. **Blondiekaka:** Sätt ugnen på 200°. Vispa ägg och socker någon minut. Smält smöret och låt det svalna. Blanda vetemjöl och bakpulver i en skål.
2. Blanda smör och mjöl i äggvispet och rör om till en smet. Täck en långpanna 15 x 20 cm med bakplåtspapper. Bred ut smeten och strö över nötter. Grädda kakan i mitten av ugnen ca 20 min.
3. **Whiskykolasås:** Blanda socker, vispgrädde och sirap i en kastrull. Låt koka ca 5–10 min (den längre tiden i en mindre kastrull).
4. Smaksätt den heta såsen med whisky.
5. Lägg en kula sorbet på en ruta blondie och häll över varm kolasås. Servera.

Biff med bearnaise och rökt paprikapytt

Sortimentet av grillsåser med röksmak växer ständigt. De är härliga till allt grillat. Här använder vi rökig grillsås i en kryddig paprikapytt.

Biff med bearnaise och rökt paprikapytt

Finskuren paprika steks i torr panna och blandas med både rökt grillsås, rökt chili och hackad bacon. Det blir en härlig röd röra som också smakar gott till hamburgare.

Till 4 personer:
4 biffar (600–800 g)
1/2 tsk peppar från kvarn
1 msk olja
1 tsk salt
Rökt paprikapytt:
2 röda paprikor
1 skiva bacon
5 vitlöksklyftor
1 tsk olja
1 krm krossad rökt chili, chipotle
1 msk grillsås med röksmak, t ex Bull's Eye
1 tsk vinäger
1/2 tsk salt
Bearnaisesås:
150 g smör
1 msk finhackad schalottenlök
1/2 tsk torkad dragon
10 krossade vitpepparkorn
2 msk vinäger + 2 msk vatten
2 msk vatten + 2 äggulor
1/2 tsk salt
Tillbehör:
500 g färskpotatis + 2 msk olja
+ 1 tsk flingsalt eller grovt salt
12 skogschampinjoner
1 knippa rucolasallad

Gör så här:

1. Peppra biffarna och olja dem lätt. Smält sakta smöret till bearnaisen.

2. Sätt ugnen på 225°. Tvätta potatisen och rulla den i en långpanna med olja. Salta och ugnsbaka den 35–40 minuter, skaka pannan emellanåt.

3. Paprikapytt: Skär paprika, vitlök och bacon i fina tärningar. Hetta upp en oljad stekgryta och bryn paprikan 5 minuter. Tillsätt bacon, vitlök och chipotle. Stek tills paprikan är mjuk. Smaksätt med grillsås, vinäger och salt.

4. Bearnaisesås: Småkoka finhackad lök, dragon, krossad peppar, vinäger och vatten 5–10 minuter tills vätskan kokat in. Sätt kastrullen i knappt sjudande vattenbad, rör ner vatten och äggulor och vispa intensivt tills smeten tjocknar. Det skirade, smälta smöret ska ha samma temperatur som äggsmeten. Ta äggkastrullen ur vattenbadet och vispa ner det skirade smöret utom bottensatsen i små portioner. Salta och håll såsen varm på spiskanten med locket på – Obs! ej över värme.

5. Hetta upp en grillpanna eller vanlig stekpanna till biffarna och en stekgryta till svampen. Grilla eller stek biffarna över hög värme i pannan, och den skivade svampen så hastigt i stekgrytan att den får lite färg.

6. Lägg rucolasalladen på tallrikar. Lägg upp biffarna med bearnaise och paprikapytt på salladen. Lägg svampen runt om och servera den frasiga potatisen till.

Vintips

Satsa på något smakrikt från Syditalien eller Sicilien, eller från norra Rhône.

Mandeltårta för latmaskar

Ingen onödig disk – hela smeten rörs ihop i kastrullen.

Till ca 8 bitar:
100 g sötmandel eller 1/2 dl pinjenötter
100 g smör
3 dl strösocker
2 ägg
3 dl vetemjöl
2 bittermandlar

Gör så här:

1. Sätt ugnen på 175°. Kläm fast ett bakplåtspapper i en form, ca 24 cm i diameter, med löstagbar kant.

2. Skålla mandeln i en 2-liters kastrull så kan den användas som enda kärl. Häll av vattnet och skala den. Riv bittermandlarna.

3. Smält smöret i kastrullen. Ta den av värmen och rör ner socker, sedan ägg, mjöl och bittermandel.

4. Häll upp smeten i formen. Lägg på mandlarna och grädda kakan mitt i ugnen 35–40 min.

Kryddig biff på amerikanskt vis

En grillrätt i senapens tecken. Både biff och potatis har spännande krydda av bland annat hela senapskorn.

Grillad biff med senapspotatis

Kryddor, rivet apelsinskal och senap ger fin yta på köttet. Det serveras tillsammans med färskpotatis som också grillas och blandas med hela senapskorn.

Till 4 personer:
600 g utskuren, putsad biff
1 tsk chilipulver
1 tsk gourmetsalt
1 tsk gula senapsfrön
2 krm nymald svartpeppar
2 krm mald eller finriven muskotnöt
1 krm malda kryddnejlikor
1 tsk rivet apelsinskal
2 msk smör
1 skivad vitlöksklyfta
Färskpotatis med senap:
3/4 kilo jämnstor färskpotatis
2 msk olivolja
Dressing:
3 msk olivolja
1/2 tsk gourmetsalt
2 krm nymald svartpeppar
1 msk gula senapsfrön
1/2 dl finhackad persilja
2 pressade vitlöksklyftor
2 msk pressad citronsaft
1 msk grovmald dijonsenap

Gör så här:
1. **Kött:** Blanda de torra kryddorna noga med det fuktiga apelsinskalet. Klappa in kryddorna runt om det putsade köttet. Låt det ligga medan potatisen lagas.
2. **Potatis:** Borsta potatisen och koka den nätt och jämnt färdig. Låt svalna lite.
3. Dela potatisen mitt itu. Hetta upp en grillpanna, pensla med olivolja och grilla snittytorna på potatisen.
4. **Dressing:** Blanda alla ingredienser.
5. Blanda den vackert mönstrade potatisen med dressingen. Låt stå och dra.
6. Sätt ugnen på 175°. Fräs 2 msk smör med 1 delad vitlöksklyfta så att smöret får god vitlökssmak. Ta upp vitlöken och bryn köttet runt om i smöret. Se till att värmen inte blir för hög. Kryddorna runt köttet kan lätt få för mycket färg.
7. Stick in en köttermometer i köttets ena kortsida rakt in och sätt in köttet mitt i ugnen. Stek till 62°. Svep in köttet i aluminiumfolie och låt ligga 10 minuter. Värmen brukar då stiga till 67°. Den som vill ha köttet lite mer stekt låter innertemperaturen gå upp till mellan 65 och 70° i ugnen.

Blandad sallad med varm brieostdressing

Röda mangoldskott piggar upp i en blandad sallad.

Till 4 personer:
1 hackad schalottenlök
1/2 msk olivolja
1 msk dijonsenap
1 msk vitvinsvinäger
3 msk vatten
100 g mogen brie utan kanter
salt och svartpeppar

Gör så här:
Fräs löken i olivolja. Smaksätt med senap och vinäger. Rör ner vatten och lägg i brieosten att smälta. Salta och peppra. Dressingen är klar då osten precis smält. Ringla dressingen ljummen över salladen.

Vintips

Mat med USA-inspiration lockar till vin från samma ställe. Välj en fyllig och fruktig zinfandel.

Zabaglione till sommarens bär

Här har vi smaksatt zabaglione med det italienska dessertvinet Vin Santo samt apelsinsaft och varvat med olika bär.

Till 4 personer:
4 äggulor
3/4 dl pressad apelsin
3/4 dl Vin Santo
2 msk strösocker
2 dl vispgrädde
1 liter blandade bär (blåbär, hallon, jordgubbar)

Gör så här:
1. Blanda gulor, apelsinsaft, vin och socker i en kastrull, gärna med släpplätt-beläggning.
2. Sätt kastrullen i sjudande vattenbad i en större kastrull och vispa oavbrutet tills krämen börjar tjockna och första kokbubblan börjar skymta. Såsen får inte koka mer än så, då blir den grynig i stället för slät och fluffig.
3. Ta av kastrullen och ställ den i kallt vatten. Vispa då och då. Vispa grädden och blanda den med den kalla krämen.
4. Varva bär och zabaglione i vackra glas.

Salviakryddad kalv med rödlöksdressing

Varför krångla till det i onödan? En förstklassig köttbit med goda tillbehör är ett både enkelt och ljuvligt gott sätt att inleda helgen.

Kalvschnitzel och haricots verts med mild rödlöksdressing

Det ljusa kalvköttet kräver varsam hantering och försiktig smaksättning för att inte "försvinna". Kort tid i grillpannan och lite färsk salvia på italienskt vis är nog.

Till 4 personer:
4 kalvschnitzlar av innanlår eller stek (à ca 125 g)
1 msk olivolja
4 färska salviablad eller 1 msk torkad salvia
1 krm nymald svartpeppar
3/4 tsk salt
Haricots verts med rödlöksdressing:
250 g haricots verts
1 medelstor rödlök (125 g)
1 1/2 msk balsamvinäger
2 krm salt
3 msk olivolja
Tillbehör:
klyftpotatis, fryst eller råstekt potatis

Gör så här:

1. Banka ut schnitzlarna lite större för de kommer att dra ihop sig när de steks. Stryk ut olivolja på översidan med en sked. Peppra och strö över finskuren salvia. Låt köttet ligga så en stund och ta smak.
2. Ugnsstek klyftpotatisen, köpt eller egen.
3. Koka upp vatten. Hacka rödlöken, häll hacket i det kokande vattnet och sila omedelbart upp löken igen. Lägg den i en skål och blanda med balsamvinäger och salt och vispa ner oljan droppvis.
4. Grilla eller stek schnitzlarna över god värme tills man ser att köttet börjar ljusna i kanten. Vänd dem då snabbt och dra stekpannan från värmen. Lägg upp det stekta köttet på varma tallrikar och salta. Koka bönorna, sila av dem, lägg upp dem och häll den röda dressingen över.

Vintips

Här känns italienskt rödvin helt rätt. Välj en valpolicella av god kvalitet eller en chianti riserva.

Svamppizza

Mer lättgjord kan en pizza inte vara – och knappast godare. Bjud den i remsor som tilltugg till ett glas vin.

Till 4 personer:
1 stor, mjuk tunnbrödshalvmåne eller 2 rektangulära
1 dl Ardita tomatpuré med parmesan eller annan smakrik, färdig pastasås
250 g färska champinjoner, helst små, som smakar mer
1 tsk olja
1 påse riven pizzaost (200 g)
1/2 msk torkad oregano

Gör så här:

1. Sätt ugnen på 250° och lägg tunnbrödet på en plåt med bakplåtspapper.
2. Skiva champinjonerna. Hetta upp en stor stekpanna eller wok rejält och "kasta" svampen i den heta pannan med bara lite olja. Meningen är att de ska bli lite brända i kanten, men inte hinna vätska sig.
3. Bred tomatsåsen över tunnbrödet, täck med champinjonerna och strö över ost och oregano.
4. Grädda tunnbrödspizzan högst upp i ugnen ca 3 min tills osten bubblar och servera den direkt.

Gnocchi med solvarma tomater

Rustikt och italienskt – en måltid komponerad för sällskap som trivs tillsammans i köket.

Hembakad potatisgnocchi med tomater och kalvschnitzel med salvia

Ät gnocchin som komplement till en skiva stekt kalv, kalkon eller kyckling eller njut av den separat utan andra tillbehör. Själva gnocchin kan du förbereda. Den kan vänta kokt och klar att värma tillsammans med tomattärningar och mozzarella.

Till 4 personer:
4 potatisar (400 g)
2 dl durumvetemjöl (120 g)
2 krm salt
Tomater:
800 g kvisttomater
+ ev körsbärstomater
200 g mozzarella
2 dl basilikablad
1 dl olivolja + 2 vitlöksklyftor
1 tsk salt
2 krm strösocker
Tillbehör:
2 dl färsk riven parmesanost

Gör så här:
1. Koka potatisarna. Skala och pressa dem. Låt det pressade svalna något.
2. Lägg mjöl, potatis och salt i matberedare och kör snabbt ihop alltsammans till mjuka smulor. Sluta mixa ögonblicket innan det degar sig. Samla smulorna till en mjuk deg och lägg den i en mjölad plastpåse i kylen en stund eller till nästa dag.
3. Dela då degen i fyra delar, blanda in mer mjöl om den är kladdig. Men degen är och ska vara mjuk.
4. Rulla ut den på mjölad bänk till fingertjocka längder. Mjöla längderna, lägg dem intill varandra och skär av 1/2–1 cm små knubbiga bitar med vass kniv, som torkas ren mellan snitten.
5. Koka upp saltat vatten i en rymlig kastrull. Spola upp en skål med kallt vatten och ta fram en hålslev.
6. Fös ner degbitarna i det kokande vattnet och koka dem ett par minuter tills de flyter upp. Det gör inget om lite mjöl följer med i koket.
7. Ta upp gnocchin med hålslev och lägg den i det kalla vattnet. Sila sedan upp och blanda den med några droppar olivolja.
8. **Tomater:** Halvera tomaterna vid "midjan" och ta ur de vattniga kärnorna som inte ska användas. Skär tomatköttet i tärningar. Skär mozzarellan i små tärningar och skär basilikabladen grovt.
9. Hetta upp olja i en traktörpanna och låt kluvna vitlöksklyftor fräsa en kort stund.
10. Ta upp vitlöken, öka värmen och fräs snabbt upp tomaterna. Salta och sockra dem. Vänd därefter ner gnocchin och när den är genomvarm även mozzarellan och basilikan. Blanda och häll upp anrättningen på varma tallrikar och servera den omgående med riven parmesanost.

Kalv- eller kalkonschnitzel med salvia

Både kalv- och kalkonkött ska stekas snabbt för att behålla sin saftighet.

Till 4 personer:
500–600 g kalvinnanlår eller
kalkonbröst i drygt lövbiffstjocka skivor
10–12 blad färsk salvia
1 msk olivolja
1 krm vitpeppar
1 tsk salt

Gör så här:
1. Krydda köttskivorna med strimlad salvia, pensla med olja. Peppra och salta.
2. Olja och hetta upp en grillpanna eller stekpanna. Stek eller grilla köttskivorna en minut på första sidan, vänd och det är klart. Garnera med salvia och servera.

Vintips

Italienskt rött; valpolicella eller kanske montepulciano d'Abruzzo.

Persika med vinbärssirap och yoghurtglass

Till 4 personer:
2 dl matlagningsyoghurt
1 kruka mynta, 1 dl grovskurna blad
3 msk strösocker
1 dl vispgrädde
2 mogna persikor
1/2 dl vinbärsgelé
2 msk vin eller vatten

Gör så här:
1. Mixa yoghurt, myntablad och socker länge och väl till en ljusgrön, god sås. Mixa därefter ner grädden.
2. Frys 20 min i glassmaskin eller 3 timmar utan.
3. Skiva persikorna och koka upp en sirap av vinbärsgelé och vin eller vatten att ringla över persikan.

Bräserad kalv med couscous

Middag med italienska förtecken. Färska fikon och parmaskinka. Därefter kalv med balsammarinerad schalottenlök och färggrann couscous.

Bräserad kalv med balsammarinerad schalottenlök

Tunt skuret kalvkött bräserat i en smakrik fond, serverat med couscous och rucola.

Till 4 personer:
1 dl vatten
1/2 msk koncentrerad kalvfond
3 msk pressad citron
4 skivor kalvinnanlår (à 100–125 g)
1 tsk salt
2–3 msk vetemjöl
1–2 msk smör
Schalottenlök:
12–15 schalottenlökar (ca 200 g)
1 msk smör
1/2 dl olivolja
1 msk balsamvinäger
Couscous:
3 1/4 dl couscousgryn (250 g)
2 1/2 dl vatten
1 msk olivolja
1 tsk salt
40 g smör
1 tsk balsamvinäger
1 stor knippa rucola (ca 50 g)
4–5 tomater
Tillbehör:
citron i klyftor
ev lite hyvlad parmesan

Gör så här:

1. Schalottenlök: Skala och fräs löken i smör på medelsvag värme 5–7 min.
2. Blanda olivolja och balsamvinäger i dubbla plastpåsar. Lägg i den stekta löken, som får kallna i lagen.
3. Couscous: Koka upp vattnet tillsammans med olivolja och salt. Tag kastrullen från plattan. Tillsätt couscous och rör om. Låt den sedan stå och svälla 2–3 min. Rör i smör och balsamvinäger.
4. Värm couscousen ett par minuter under omrörning precis före servering och tillsätt grovhackad rucola och tomater i klyftor.
5. Kött: Blanda vatten, kalvfond och citronsaft till en buljong i en liten bunke.
6. Salta kalvköttet på båda sidor. Vänd skivorna i mjöl.
7. Hetta upp smöret i en vid stekpanna. Stek kalvskivorna 1/2 minut på var sida. Sänk värmen.
8. Häll över buljongen och schalottenlöken med sin marinad. Skaka pannan lite försiktigt. Låt kalven bräsera utan lock 3–4 min.
9. Servera köttet tillsammans med couscoussalladen, citron i klyftor och gärna lite hyvlad parmesanost.

Vintips

Smakrikt vitt vin som fatlagrad chardonnay eller vit rioja, eller lättare rött, kanske en beaujolais eller valpolicella.

Färska fikon med prosciutto

Servera gärna ett glas torr sherry till de ljumma fikonen.

Till 4 personer:
3 msk finriven parmesanost
1/2 msk finrivet citronskal
8 färska mogna fikon
8 tunna skivor prosciutto (parmaskinka)
2 msk smält smör

Gör så här:

1. Sätt ugnen på 200°. Blanda parmesanost och citronskal.
2. Dela fikonen. Vira en halv skinkskiva runt varje fikonhalva. Placera halvorna i en liten ugnssäker form.
3. Värm fikonen mitt i ugnen 5 min. Pensla med smör. Strö ost/citronblandningen över. Servera.

Kalvlever med dijonsenapsmos

Inled med en smakrik röra på ett gott bröd. Bjud sedan lättstekt kalvlever med spännande tillbehör.

Kalvleverskivor med dijonsenapsmos och knaperstekt bacon

Börja med att laga moset, eftersom både tillbehören och stekningen av kalvlevern går så kvickt. Den här rätten serveras med fördel på varma tallrikar.

Till 4 personer:
600 g kalvlever i tunna skivor
ca 1 tsk salt
ca 2 krm grovmald svartpeppar
1–2 msk smör till stekning
Senapsmos:
10 medelstora potatisar
3–4 msk smör
1/2–1 dl vispgrädde
ca 3 msk ljus dijonsenap
ca 1 dl hackad gräslök
salt och peppar
Tillbehör:
1–2 dl olja till fritering
2 mindre gula lökar
vetemjöl och mjölk till panering
1 pkt bacon (140 g)
Sås:
1 1/2 dl grönsaksbuljong (av tärning)
1 1/2 msk koncentrerad kalvfond
1/2 msk kinesisk soja
1 msk mörk sirap
ca 50 g mjukt smör

Gör så här:
1. Senapsmos: Skala och koka potatisen mjuk i lättsaltat vatten. Slå av kokvattnet, mosa eller pressa potatisen. Blanda och vispa moset med smör och grädde, smaksätt med senap, gräslök och en aning salt och peppar.
2. Tillbehör: Hetta upp oljan i en stekpanna. Skala och skär löken i ringar. Panera lökringarna; doppa dem först i vetemjöl, sedan i mjölk, slutligen åter i mjöl. Fritera sedan lökringarna i den heta oljan någon minut tills de får vacker färg och blir knapriga. Låt dem rinna av på hushållspapper, salta dem lätt. Stek eller fritera baconet tills det blir knaprigt.
3. Hetta upp en stekpanna och krydda leverskivorna med salt och nymald peppar. Låt smöret bli nötbrynt, lägg i levern och stek den lätt ca 1 minut på varje sida beroende på tjockleken. Lägg upp och håll levern varm på heta tallrikar.
4. Sås: Slå bort stekfettet och koka ur pannan med buljongen. Tillsätt kalvfond, soja och sirap och koka ihop tills ca 1 dl återstår. Vispa slutligen i det mjuka smöret och såsen är klar. Servera levern omgående med sina tillbehör på och omkring.

Vintips

Här bjuder vi ett mjukt rödvin, som spanskt från Rioja eller Navarra, pinot noir från USA eller merlot från Chile.

Röran ersätter smöret

Istället för förrätt är det populärt att sätta fram lite smör och bröd till ett gott vin. Här får du förslag på en smakrik röra att ersätta smöret med. Den passar särskilt bra till ett lantbröd och mustigt rött vin.

Till 4 personer:
50 g marinerade avrunna torkade tomater
100 g cheddarost
2 1/2 msk kapris
2 dl lätt creme fraiche
2 krm salt

Gör så här:
Lägg tomaterna tillsammans med ost i bitar och kapris i en matberedare. Kör någon minut. Tillsätt creme fraiche och salt. Kör ytterligare till en slät röra.
Låt gärna röran stå i kylen och mogna någon timme.

Crianza 1994
PALACIO DE LA VEGA
NAVARRA

Baconlindad fläskfilé med rödlökspaj

Ett glas rött och lättlagat kött – mer behövs egentligen inte för en avslappnad ledig kväll. Med lite mer ambitioner serverar du den goda rödlökspajen till.

Baconlindad fläskfilé, bakpotatis och rödlökspaj

Enklast möjliga tillbehör är bakad potatis med persiljesmör. Annars gör du en läcker rödlökspaj.

Till 4 personer:
600–700 g fläskfilé
2 krm krossad svartpeppar
1 pkt bacon
1 tsk salt
1 msk olja + 1 msk smör
Tillbehör:
rödlökspaj (se recept)
12–16 medelstora King Edward potatis
2–4 tomater till stekta tomathalvor
Persiljesmör:
75 g smör
3 msk hackad persilja
1/4 tsk salt
1 vitlöksklyfta

Gör så här:
1. Putsa fläskfilén och skär den i ca 2 1/2 cm tjocka skivor – kantbitar kan läggas ihop. Peppra och svep om baconskivor.
2. Tvätta och baka potatisarna bredvid rödlökspajen (se recept) i 225° ca 40 min.
3. Mixa persiljesmöret.
4. Salta och stek köttet över god värme i olja och smör, totalt ca 8 min tills det är nätt genomstekt. Stek tomathalvor i samma panna om de får plats.
5. Servera köttet med tomater, potatis med persiljesmör och rödlökspaj.

Rödlökspaj

Pajdegsskal med spännande rödlöksmarmelad passar fint till den mustiga kötträtten med fläskfilé och bacon.

Till 6–8 personer:
3 dl vetemjöl
125 g smör
2 msk kallt vatten
Fyllning:
4 rödlökar (400 g)
2 msk smör
2 dl rödvin
3 msk strösocker
1/2 tsk salt

Gör så här:
1. Sätt ugnen på 225°. Hacka ihop degen. Tryck ut den i en form, ca 24 cm i diameter, med löstagbar kant. Låt den vila en stund i kylen. Förgrädda mitt i ugnen 10 min.
2. Tunnskiva och smörfräs löken riktigt mjuk, 10–15 min. Tillsätt rödvin, socker, salt och koka in så att löken blir torr igen.
3. Bred ut rödlöksmarmeladen i pajformen och grädda pajen 10 minuter. Servera den het eller avsvalnad.

Vintips

Fruktigt och smakrikt rött vin, cabernet/shiraz från Australien till exempel.

Saffansfärgad äppelkompott

Till 4 personer:
4 äpplen
1/2 krm saffran (0,25 g)
2 msk strösocker
2 msk smör

Gör så här:
1. Skala och skär äpplena i klyftor. Stöt saffran med socker.
2. Fräs smör i en stekpanna. Rör ner saffranssocker och äppelklyftor. Fräs under omrörning tills äpplena blivit vackert gula och mjuka.
Servera dem med lösvispad grädde.

Kreolskans kryddiga gryta

En läcker och lättgjord gryta i vackra färger och med mustiga smaker. Lika fin till den lilla middagen som till den stora festen.

Kreolskans gryta

Receptet är här anpassat för sex personer. Vill du laga grytan till bara fyra räcker det med en vakuumpackad fläskfilé och tre deciliter grädde, men ta full mängd av övriga ingredienser.

Till 6 personer:

900 g fläskfilé
2–4 kabanosser eller
andra starka korvar (150 g)
2 röda paprikor
1 burk syltlök (200 g)
1 burk cornichons eller ättiksgurka (200 g)
1–2 dl svarta oliver, gärna urkärnade
1 msk smör
2 krm svartpeppar
1 1/2 tsk salt
1 tsk mejram
1 vitlöksklyfta
1 1/2 msk vetemjöl
5 dl vispgrädde

Tillbehör:

kokt ris, ev kokt med lite saffran
eller gurkmeja

Gör så här:

1. Putsa fläskfilén och skär den i tjocka skivor som bultas lätt. Skär korven i bitar.
2. Strimla paprikan. Sila av syltlök, gurka och oliver. Klyv urkärnade oliver.
3. Fräs snabbt upp korven i en stekgryta och ta upp den.
4. Bryn fläskfilén i smör. Peppra, salta, krydda med mejram, pressa ner vitlök och strö över mjölet.
5. Lägg tillbaka korv och blanda ner paprika, syltlök, gurka, oliver och grädde.
6. Koka grytan 5 min. Smaka av. Späd eventuellt med gurkspad och servera.

Vintips

Något sydfranskt rött med lite god kryddighet och inte alltför markerad syra kan passa bra.

Frisk fördrink

Till 6 personer:

1 flaska rödvin (75 cl)
1/2 dl vodka
2 flaskor Pommac (à 33 cl)
is

Gör så här:

Blanda rödvin och vodka.
Häll på Pommac och is vid serveringen.

Korv i smördegskappa

Aptitretare som är goda både varma och kalla.

Till 12 st:

2 tinade smördegsplattor
2 tsk dijonsenap
2 msk hackad persilja
2 chorizo, merguez eller starka ölkorvar
1 ägg
vallmofrön

Gör så här:

1. Sätt ugnen på 225° och kavla ut degen lite.
2. Bred på senap, strö över persilja, lägg på och rulla in korven.
3. Pensla med ägg och rulla korvrullarna i vallmofrö.
4. Skär dem i 2–3 cm breda skivor och ställ på högkant på plåt med bakplåtspapper. Grädda ca 10 min mitt i ugnen.

Krämig risotto och rökig filé

Italiensk risotto i kombination med fläskfilé med smak och doft av amerikansk barbeque.

Paprikarisotto med lättrökt fläskfilé och rucolasallad

Liquid Smoke är ett rökkoncentrat i flytande form som ger filén god röksmak med fin hickoryarom. Den är ganska stark och bör därför användas med viss försiktighet. Liquid Smoke är användbar till kött, fågel samt olika fiskar.

Till 4 personer:

Rökt fläskfilé:

600–700 g fläskfilé
1 msk Liquid Smoke
1 msk olivolja
1 tsk grovmald svartpeppar
1–2 msk smör till stekning
drygt 1 dl syltlök
ca 1 tsk salt

Risotto:

1/2–1 dl finhackad schalottenlök
2–3 msk olivolja
2 dl avorio- eller arborioris
2 dl torrt vitt vin
6–7 dl grönsaksbuljong (av tärning)
2–3 dl fint tärnad paprika (gärna i olika färger)
1–1 1/2 dl nyriven parmesanost
ev 1/2 tsk salt

Garnering:

vattenkrasse eller rucolasallad
tunna skivor parmesanost

Gör så här:

1. Rökt fläskfilé: Putsa filén helt fri från fett och hinnor och skär den i ca 2 cm stora kuber. Lägg dem i en fryspåse och tillsätt Liquid Smoke, olja och svartpeppar. Blanda allt väl, knyt till påsen och låt filékuberna marinera så ca 1 timme i rumstemperatur.

2. Risotto: Fräs löken på svag värme i olivolja i en traktörpanna utan att löken får färg. Tillsätt riset och låt även det fräsa med någon minut. Späd med vinet och buljongen i omgångar efter hand som det kokar in i riset. Rör ofta så att det inte bränner fast i botten, koka hela tiden utan lock; den totala koktiden är 18–20 minuter.

3. Låt paprikatärningarna koka med i risotton de sista 2–3 minuterna. Smaka av med parmesanost och eventuellt salt.

4. Hetta slutligen upp en stor stekpanna och låt smöret bli väl nötbrunt. Lägg i filékuberna och skaka runt dem i pannan på stark värme och lätt omrörning 3–4 minuter. Låt även väl avrunnen syltlök steka med någon minut mot slutet. Krydda lätt med salt.

5. Lägg upp risotton på stora heta tallrikar och fördela köttet och löken ovanpå. Garnera med krasse eller rucolasallad samt eventuellt parmesanostskivor.

Vintips

Rött italienskt med mycket smak, kanske en primitivo från Apulien.

Whiskydrink

Till 1 glas:

Bottna med is. Fyll på med 3 cl Southern Comfort, 1 cl pressad lime och 10 cl fruktsoda. Garnera med en skiva lime.

Parmesan- och nötsnurror

Till 4 personer:

1 fryst smördegsplatta
1 uppvispat ägg till pensling

Fyllning:

1 1/2 dl färsk riven parmesanost
1/2 dl hackade valnötter
1/2 dl grovhackade basilikablad
1 tsk paprikapulver
1/2 krm cayennepeppar

Gör så här:

1. Sätt ugnen på 250°. Tina och kavla ut smördegsplattan till 22 x 15 cm.

2. Blanda ingredienserna till fyllningen. Pensla degplattan generöst med ägg. Fördela ostblandningen på 2/3-delar av plattan. Rulla ihop som en rulltårta. Se till att den fria degytan klistrar ihop det hela. Låt rullen ligga en stund i kylen eller frysen så går den lättare att skiva.

3. Skär rullen i 16–18 skivor. Lägg på plåt och pensla med ägg. Grädda 8–10 minuter mitt i ugnen. Strö flingsalt över och servera dem ljumma.

SETTESOLI
BONERA
ITALIA
12.5% vol

Kaffemarinerad fläskfilé med palsternacksmos

Varmrättens fläskfilé får spännande smak av vanligt snabbkaffe i marinaden. Ostfyllda laxsnurror trädda på pinne blir en annorlunda entré.

Kaffemarinerad fläskfilé med cheddarkryddat palsternacksmos

Filén blir mörk i färgen och får en mycket speciell smak av kaffe om det marineras ett par timmar. Används kinesisk soja blir köttet ännu mörkare än med japansk soja.

Till den mustiga filén serveras rödvinssås med svamp och palsternacksmos.

Till 4 personer:

ca 600 g fläskfilé, färsk och välputsad
2 msk snabbkaffepulver
1 dl japansk soja
1 msk smör till stekning

Sås:

1/2 dl finstrimlad purjolök
1/2 liter små färska/frysta kantareller, rensade eller en burk konserverade (ca 190 g)
1 msk smör
2 dl mustigt rödvin
1 msk kaffe- och sojamarinad
1 msk koncentrerad kalvfond
1 dl vatten
3 krm smulad rosmarin
1 msk honung
2 tsk majzena majsstärkelse
50 g smör

Gör så här:

1. Skär köttet i 3–4 cm tjocka bitar. Lägg dem på snittytan och platta till dem lite med handflatan.
2. Blanda kaffepulver och soja i en skål. Lägg ner köttet och blanda väl. Låt stå 30 min eller mer. Vänd köttet ett par gånger under tiden.
3. Stek köttet på båda sidor, ca 4 min i 1 msk smör på ej alltför het värme eftersom köttet lätt blir mörkt. Ta upp och håll det varmt. Diska ur pannan. Obs! spara marinaden.
4. **Sås:** Fräs lök och svamp i 1 msk smör tills vätskan kokat in.
5. Blanda vin, marinad, fond, vatten och rosmarin. Häll det över svampen och sjud någon minut.
6. Rör i honungen och majsstärkelse utrörd i lite vatten och koka upp på nytt. Tillsätt smöret i klickar. Lägg i köttet och låt det bli varmt.

Palsternacksmos

Potatis och palsternacka är en fin kombination. Cheddar ger den lilla extra kryddan åt moset.

Till 4 personer:

300 g palsternacka
400 g potatis, mjölig sort
25 g smör
1 dl het mjölk
1 dl finriven cheddarost
2–3 krm salt
1 krm grovmald svartpeppar

Gör så här:

1. Skala palsternacka och potatis. Skär dem i bitar så förkortas koktiden. Koka bitarna helt mjuka i lättsaltat vatten. Häll av vattnet.
2. Mosa bitarna med elvisp eller genom en potatispress.
3. Rör ner smör, mjölk och ost. Salta och peppra och håll moset varmt.

Vintips

Till laxen en frisk sauvignon blanc, till köttet stadigt rött, gärna från Portugal.

Laxsnurror på pinne

Laxspetten kan göras i ordning i god tid och till och med frysas. Frysta spett får ligga framme 30 min innan de bryns.

Till 4 personer:

100 g Bavaria Blue
1/2 tsk oregano
200 g laxfilé, skinn- och benfri
1 msk ströbröd
1 msk smör till stekning
1 krm salt
1/2 krm svartpeppar

Sallad:

1 liter blandad sallad
1 msk mild olivolja
1 msk pressad lime
1/2 krm salt
25 g hackade valnötter

Gör så här:

1. Mosa osten med skalet kvar och rör samman den med oregano. Blanda salladen.
2. Dela laxbiten horisontellt från den tunna delen, skär inte rakt igenom utan vik ut laxen så att hela biten blir ca 1 cm tjock. Bred över osten och skär i långa strimlor.
3. Rulla strimlorna med fyllningen inåt likt rulltårtsskivor och trä upp på spetten.
4. Strö över ströbrödet och ställ åt sidan.
5. Bryn smör i en panna och stek spetten mycket hastigt på båda sidor. Dra åt sidan och låt laxen bli klar av eftervärmen. Krydda med salt och peppar. Lägg upp spetten på salladen och servera direkt.

Ostfylld medaljong med madeirasky

Bjud på en lika klassisk som högklassig fest. Iskall Dry Martini med frasiga ostsnurror banar väg för huvudrättens härliga fläskfilé.

Fläskfilémedaljonger med västerbottensost och madeirasky

Att fylla en filé med ost låter kanske inte så originellt. Men här handlar det om extralagrad västerbottensost – en av våra absolut bästa och mest smakrika hårdostar. Den är fyllig, skarp och aromatisk på samma gång. Vällagrad ost är att föredra i matlagning eftersom all ost som värms upp får mildare smak.

Till 4 personer:

ca 700 g fläskfilé (helst av stor filé)
ca 2 1/2 dl grovriven extralagrad västerbottensost
3 msk mycket finhackad schalottenlök
1/2 dl vetemjöl till panering
2 krm nymald vitpeppar
1 tsk salt
1–2 msk smör till stekning

Madeirasky:

1 dl madeiravin + 1 dl vatten
2 msk koncentrerad kalvfond
1/2 msk kinesisk soja
ca 75 g mjukt smör

Tillbehör:

1 paket fryst hel spenat (250 g)
2 msk finhackad schalottenlök + 2 msk smör
1 burk vattenkastanjer (ca 250 g)
röstipotatis eller kokt pressad potatis

Gör så här:

1. Putsa fläskfilén helt fri från hinnor och dela den i 8 lika stora bitar. Ställ varje bit på högkant och platta ut dem till tunna runda lövbiffar. Använd en biffbankare eller en tjockbottnad kastrull.

2. Lägg ut köttskivorna på arbetsbänken. Blanda osten och löken och fördela den i högar på 4 av köttskivorna. Täck med resterande köttskivor och nyp ihop ordentligt runt kanterna på var och en. Hit kan förberedas i god tid före måltiden.

3. Förbered tillbehören så att de blir klara samtidigt med köttet. Spenaten ska tinas, kramas ur, grovhackas och fräsas lätt några minuter i smör tillsammans med ett par msk finhackad lök samt kryddas med salt och en aning nymald vitpeppar. Vattenkastanjerna ska bara kokas upp hastigt i sitt spad i samband med serveringen. Förbered potatisen.

4. Blanda mjölet till paneringen med salt och peppar och vänd filémedaljonerna däri. Hetta upp en stekpanna och låt smöret bli gyllenbrynt. Lägg i och stek köttet på mellanstark värme ca 2 minuter på varje sida. Ta upp och håll köttet varmt på het tallrik under folie på spiskanten.

5. Madeirasky: Koka ur stekpannan med vinet och vattnet samt tillsätt kalvfond och soja. Koka ihop det hela 2–3 minuter. Dra pannan lite från värmen, vispa i det mjuka smöret klickvis och såsen är klar.

6. Fördela filémedaljongerna på spenatbädd i mitten på stora varma tallrikar. Lägg väl avrunna vattenkastanjer runt omkring samt ringla madeiraskyn över det hela. Alternativ uppläggning kan vara att varje filémedaljong delas i fyra delar med en vass kniv.

Vintips

En chianti riserva kan passa bra, men även cabernet från Nya Världen.

Pestosnurror på smördeg

Till 4 personer:

2 smördegsplattor
25 g valnötter
50 g tärnad parmesanost
ca 20 färska basilikablad
2 vitlöksklyftor
1 1/2 krm salt
1 krm cayennepeppar
1 msk olivolja

Gör så här:

1. Kavla ut smördegen till en kvadrat, ca 20 x 20 cm. Kör ingredienserna till peston i matberedare till en jämn smet. Bred ut den på smördegen. Rulla ihop och lägg i frysen en stund så går den lättare att skära.

2. Sätt ugnen på 250°. Skär rullen i ca 20 skivor och lägg på plåt med bakplåtspapper. Grädda ca 8 min mitt i ugnen. Servera snurrorna lätt ljumma.

Klassisk Dry Martini

Blanda 4 delar gin med 1 del torr vermouth och garnera med oliv. Vill du ha den extra dry: Blanda 6 delar gin + 1 del torr vermouth + oliv.

BROLIO
CHIANTI CLASSICO
1994
BARONE RICASOLI
ITALIA

Cambozolafylld fläskfilé med kantarellsås

Filén fylls med en mild krämig dessertost, som harmonierar fint med kantarellernas snälla smak.

Cambozolafylld fläskfilé med kantarellsås

Skär filén i skivor som sedan bankas ut till tunna schnitzlar. Detta kan man göra med en riktig biffbankare, men undersidan av en kastrull fungerar också bra.

Till 4 personer:
600 g fläskfilé, putsad
175 g Cambozola
12 tandpetare
1 tsk salt
2 krm nymald svartpeppar
2 msk smör
Kantarellsås:
1 liter rensade kantareller
eller 2 burkar (à 190 g)
3 msk smör
8 små färska lökar
1/2 tsk salt
1 krm nymald peppar
1 krm timjan
2–3 dl vispgrädde
1 tsk soja
Tillbehör:
300 g färsk eller torkad tagliatelle
2 tomater
1 kruka rucola

Gör så här:
1. Putsa filén fri från hinnor och fett. Skär den i 12 bitar à 50 g. Lägg dem på en skärbräda. Täck med plastfolie och banka varje köttskiva tunn.
2. Skär bort kanterna på Cambozolan och lägg en bit ost på varje köttbit. Vik ihop och fäst med en tandpetare.
3. Kantarellsås: Fräs kantarellerna några minuter i hälften av smöret tills all vätska kokat in. Låt burksvamp rinna av först. Tillsätt resten av smöret, lökarna som delats på hälften, krydda och låt allt fräsa ytterligare någon minut.
4. Slå på grädde och soja och låt koka ihop några minuter till en lätt simmig sås.
5. Koka pastan enligt anvisningarna på paketet.
6. Salta och peppra de ostfyllda fläskfilébitarna. Hetta upp smör i en stekpanna och stek köttet ca 3 min på varje sida på medelgod värme.
7. Halvera tomaterna och stek dem ca 1 min på varje sida så att de blir ljumma.
8. Servera den fyllda fläskfilén på pasta varvat med fina blad av rucolasallad och tomathalva bredvid. Häll över lite av svampsåsen och servera resten i skål.

Vintips

Välj kraftigt vitt, som fatlagrad chardonnay från t ex Australien, eller lättare rött, varför inte en valpolicella.

Mousserande pärondrink

Till 1 glas:
Blanda 1 msk Poire au Cognac och 1 1/2 dl mousserande vin.

Rökrostade mandlar

Till 4 personer:
2 dl sötmandel
2 tsk majsolja
1/2 tsk Liquid Smoke (t ex av märket Try Me)
1 tsk salt

Gör så här:
Blanda alla ingredienserna i en plastpåse och låt ligga minst 1 timme. Rosta mandlarna i torr stekpanna på medelhög värme ca 5 min. Skaka pannan ofta så att de inte blir brända.

Pastafat med kotletter och svamp

Här kryddas rustika kotletter med lyxig tryffelolja. Till detta en härlig, gräddig madeirasås.

Pastafat med svamp och kotletter med madeirasås

Du får fullsatt på spisen när du lagar den här middagen. En panna till kotletterna, en pastakastrull och så en eller två pannor till svamparna – men hela kalaset blir klart på en halvtimme.

Välj fina fläskkotletter med ben, gärna tagna uppåt karrén där de är saftigast.

Till 4 personer:

Pasta:

400 g pasta, t ex skruvar
1 dl vatten + 1/2 msk koncentrerad grönsaksfond eller 1/2 grönsaksbuljongtärning
1 dl finhackad persilja
15 salamiskivor, gärna tryffelsalami
ev några droppar tryffelolja

Svamp:

2 hattar portabella
300 g vita och/eller bruna champinjoner
2 msk olja

Kotletter med madeirasås:

4 fläskkotletter med ben
1–2 krm mald vitpeppar
2 msk smör
1 1/2 tsk salt
1 dl madeira
2 dl vispgrädde + 2 tsk vetemjöl

Gör så här:

1. Koka upp en stor kastrull vatten och koka pastan.
2. Stek de stora svamphattarna som behöver minst 10 minuter i het panna med lite olja. Vänd dem emellanåt och vänta tills de känns genomstekta och är saftiga.
3. Torka kotletterna och snitta fettkanten. Peppra dem och bryn över mycket god värme i smör ca 3 minuter på varje sida och salta under tiden.
4. Häll 1 dl madeira i pannan, täck med lock och bräsera kotletterna 10 minuter tills de är väl genomstekta.
5. Skiva medelstora champinjoner, stek de små hela i mycket het panna (eventuellt i pannan efter portabellan) och så snabbt att de inte hinner vätska sig. Svampen får gärna bli snudd på bränd i kanten, det är bara gott. Ta upp den på en tallrik.
6. Rör ihop grädde och vetemjöl och rör ner i pannan vid sidan om kotletterna. Koka såsen några minuter och smaka av den.
7. Blanda kokande vatten och fond eller smulad buljongtärning. Hacka persiljan.
8. Sila upp pastan, blanda den med buljongen och persiljan och lägg upp den på ett fat. Lägg svampen över och droppa eventuellt över tryffelolja och toppa med salami.

Vintips

Cabernet från Nya världen eller något fylligt, bärigt från Portugal.

Gino

Perfekta desserten – både snabb och god.

Till 4 personer:

100 g vit choklad
2 bananer
3 kivifrukter
10–12 jordgubbar
ev vaniljglass som tillbehör

Gör så här:

1. Grovriv chokladen. Resultatet blir bäst om den rivna chokladen fått stå över natten.
2. Skiva och lägg frukten på ett smort, ugnssäkert fat. Strö över chokladen. Gratinera högt upp under grillen ett par minuter tills chokladen fått lite färg. Passa noga.

Spansk fest med grillspett och couscous

Duka upp till spansk middag av det glada, enkla slaget. Spetten smakar också härligt serverade som öltilltugg.

Moriska grillspett med couscoussallad och mangogrädde

Av vanligt bogfläsk görs de goda spetten, och köttet är dessutom billigt. Vill du förbereda middagen, så kan spetten ligga klara på en plåt i väntan på grillen.

Till 4 personer:
500 g skivat bogfläsk
16 grillpinnar av trä
1 tsk salt
Kryddmarinad:
2 vitlöksklyftor
1 tsk curry
1 tsk paprikapulver
1 tsk korianderfrö, stötta
1/2 tsk timjan
1/2 tsk grovmald svartpeppar
1/2 msk pressad citron
3 msk olivolja
Couscoussallad:
3 dl vatten + 1 tsk salt
3 dl couscous (250 g)
10 cm färsk gurka
1 röd paprika
1 msk pressad citron
2 msk olivolja
Mangogräddkräm:
2 dl creme fraiche
1 tsk curry
1 pressad vitlöksklyfta
1 msk pressad citron
1 msk mango chutney
Tillbehör:
sallad
oliver
citronklyftor

Gör så här:
1. Lägg grillpinnarna i kallt vatten och skär varje bogfläskskiva i ca tre remsor.
2. Marinad: Pressa vitlöken och blanda den med resten av ingredienserna. Lägg i köttet och låt det dra en stund.
3. Couscoussallad: Koka upp vatten och salt och häll det över grynen i en skål. Låt dem svälla under lock 3 min. Skär gurka och paprika i små, fina tärningar.
4. Rör upp couscousgrynen med citronsaft och olja. Blanda med gurk- och paprikatärningarna och smaka av. Lägg upp couscousen på en bädd av salladsblad med oliver och citronklyftor runt om.
5. Blanda mangokrämen och smaka av.
6. Sätt ugnen på grill 250°. Trä upp köttremsorna på grillpinnarna och lägg dem på plåt med oljad folie.
7. Salta spetten och grilla dem inför serveringen högt upp i ugnen 2–3 minuter – de behöver inte vändas.
Lägg upp spetten på couscoussalladen och servera mangogräddkrämen till.

Sangria

Spaniens klassiska festdryck. Frisk och läskande, inte söt och inte stark i den här versionen.

Till ca 8 glas:
1 flaska rödvin
4 pressade apelsiner
2 pressade citroner
4 msk strösocker
1–2 flaskor sodavatten (à 33 cl)

Gör så här:
Blanda vin, fruktsaft och socker och ställ det kallt. Häll på välkylt sodavatten inför serveringen.

Vintips

Ett mjukt, spanskt rödvin av minst crianzakvalitet kan passa bra. Öl är också utmärkt till.

Fyllig chokladmousse

Till 4–6 koppar:
50 g smör
100 g mörk choklad
3 äggvitor
2 msk strösocker
2 msk kakao
2 äggulor

Gör så här:
1. Smält smöret över svag värme och sedan chokladen i smöret.
2. Dela äggen och lägg vitorna i en torr, ren bunke.
3. Vispa upp vitorna, tillsätt sockret och fortsätt vispa till ett fast skum.
4. Ta smörchokladen från värmen och rör ner kakao och äggulor.
5. Rör ner först hälften av vitorna i chokladsmeten. Vänd därefter ner resten.
6. Fördela moussen i koppar och ställ dem kallt en halvtimme. Längre tid behövs inte. Vill du ha moussen förberedd, var noga med att ha kopparna täckta med plastfolie.

Frasigt kuvert med skinka och senapssås

Lunch, middag eller vickning? Grädda frasiga smördegskuvert med rökt skinka inuti, och servera med fluffig senapssås och en fräsch sallad.

Smördegskuvert med skinka

Beräkna två smördegskuvert per person. Låt råstekt eller kokt färskpotatis ingå i salladskompositionen om det är en middag. Beräkna ett kuvert per person om det är förrätt. Du kan även byta ut skinkan mot gravlax.

Till 4–8 personer:
4 smördegsplattor
1 ägg
ev lite flingsalt

Fluffig senapssås:
2 msk dijonsenap
1 msk svensk senap, ev grovmald
1 tsk vinäger, gärna dragon-
1 krm salt
1 krm nymald svartpeppar
1 dl rumstempererad majs- eller rapsolja
1 1/2 dl vispgrädde

Skinkfyllning till 8 kuvert:
200 g rökt skinka, 3 dl fint tärnad
1 dl finhackad schalottenlök
2 dl fint tärnat äpple
1 dl finhackad persilja
3 msk av senapsåsen innan den blandats med grädde

Gör så här:

1. Tina smördegsplattorna.
2. Senapssås: Blanda senap, vinäger och salt och peppar. Vispa ner oljan droppvis till en homogen sås, som inför serveringen blandas med vispad grädde.
3. Sätt ugnen på 225°. Kavla ut smördegsplattorna på bredden till ca 25 cm och dela vardera i två.
4. Skinkfyllning: Blanda ingredienserna och fördela dem på smördegen. Pensla runt kanten med ägg. Vik och förslut.
5. Pensla ovansidan med ägg, strö över salt och grädda mitt i ugnen ca 12 minuter.

Svenskt salladsfat

Till 4 personer:
1 liter blandade salladsblad
1/2 gurka
1 knippa rädisor
15 små färskpotatisar
smör
salt

Gör så här:

1. Skölj och torka sallad och grönsaker. Putsa, skär i bitar och lägg upp.
2. Tvätta och klyv färskpotatisen, råstek den i smör ca 20 minuter, salta och lägg upp den med salladen. Klicka över senapssås och servera mer sås bredvid.

Vintips

Fylligt öl är gott, eller ta ett lätt rödvin, kanske en italiensk montepulciano.

Jordgubbar med råkräm

Färska jordgubbar eller andra bär smakar gott till den lätt frysta råkrämen.

Till 4 personer:
1 liter jordgubbar

Råkräm:
2 äggulor
2 msk strösocker
2 dl vispgrädde

Gör så här:

Vispa äggulor och socker vitt och pösigt. Vispa grädden och blanda ner den i äggvispet. Frys krämen en timme så att det blir en frasig kant runt om innan den skedas upp till bären.

BRYGGERI AB
5,0 vol.%

RECEPTREGISTER